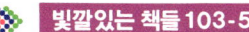
빛깔있는 책들 103-5

옛절터

글, 사진 / 윤덕향

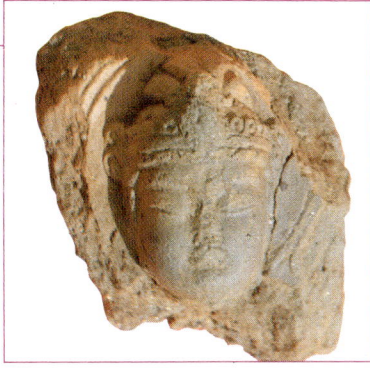

대원사

윤덕향 ──────────

서울대학교 고고학과와 동대학원을
졸업하고 문화재연구소에서 근무하였
다. 지금은 전북대학교 고고인류학과
교수로 있다.

옛절터

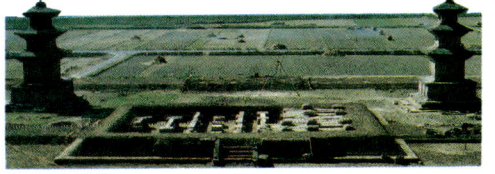

옛절터

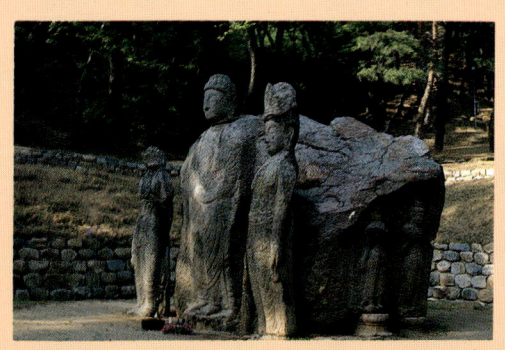

시작하는 글

　이름난 산에 오르는 길섶에서, 낚시터로 가는 좁은 시골길에서, 또는 여행길에 스쳐 지나가다 우연히 들르는 작은 마을에서, 얼마간의 관심만 갖는다면 어렵지 않게 기왓조각이 흩어져 있는 것을 볼 수 있다. 그런 곳에서 때로는 코가 으깨졌거나 목이 부러져 달아난 부처, 아무렇게 나뒹구는 탑이나 부도 등을 만나기도 한다.
　뚜렷한 이름이 전해지지 않는 이같은 절터는 대개 행정 구역의 명칭을 따서 이름이 붙여지기도 하며 간혹 '빈대절터'라는 이름이 붙기도 한다. 빈대절터란 지역에 따라서 약간의 차이는 있지만 중이 무도(無道)하거나 또는 어떤 계기로 절에 빈대가 들끓게 되어 폐사가 되었다는 뜻이며 또한 그런 내력이 전설처럼 전해진다. 이들 절터에는 대체로 식수원(食水源)이 있게 마련이며, 근처에는 빈대 냄새와 비슷한 냄새가 나고 '빈대피'라 불리는 반점이 있는 풀들을 흔히 볼 수 있다.
　한때 향불이 피워지고 부처를 향한 기도와 염불 소리, 목탁 소리가 여느 절에서처럼 어우러지고 많은 사람들이 드나들다가 지금은 이름조차 전하지 못하고 풀섶에 묻힌 절터들…… 우리나라 방방곡

곡에 산재한 이러한 절터는 얼마나 될까. 수많은 절터 중에는 암자 형태의 작은 것도 있고, 황룡사나 미륵사와 같이 매우 큰 규모의 것도 있으며 삼국시대에 지어진 것이 있는가 하면, 조선 후기 심지어는 극히 최근의 것도 있다. 시기가 다르고 규모가 각양각색으로 다른 이들 절터에는 그 절을 만든 사람들의 기술과 문화, 신앙이 담겨 있으며 어느 하나 소중하지 않은 것이 없다.

절에 가면 대웅전과 탑을 쉽게 볼 수 있는데 때로는 대웅전이 아닌 다른 이름을 가진 건물이 있는 경우도 있다. 또 탑이 부끄러운 듯 한구석에 숨어 있는 경우도 있다. 그리고 여기저기 흩어 선 건물들은 얼핏 보면 무질서하게 들어선 것처럼 보인다. 그러나 자세히 보면 대체로 비슷한 배치를 하고 있음을 알 수 있고, 다른 절과 비교해 보면 절마다 나름대로의 규칙이 있음도 알 수 있게 된다.

웅장했던 자취만을 남기고 있는 절터의 본래 형태는 어떤 것이었을까. 그 절터들은 시간의 흐름 속에서 어떤 형태의 변화를 보였을까. 또 그 절터에는 우리 조상의 문화 수준을 가늠할 만한 어떤 것들이 있을까. 절에 갔을 때 어떤 것이 어떤 의미를 가지고 있는 것인가. 절터를 조사하는 사람들은 어떤 방법으로 옛날의 모습을 찾아낼까. 그리고 우리의 주변에는 어떤 절터들이 있는가.

이러한 의문을 가진 사람들에게 얼마간의 도움이 되었으면 하는 생각에서 우선 절과 그 건조물들에 대하여 간단히 살펴보려 한다. 그리고 지금까지 발굴 조사된 절터 중 그 전체 모양이 어느 정도 분명히 밝혀진 중요한 곳에 대하여 간단히 알아보고 그것들을 중심으로 우리나라 절터의 배치 형태가 어떠했으며 시기적으로 어떻게 변화했는지를 살펴보기로 한다.

절

절이란 두말할 것도 없이 스님들이 불상을 모셔 놓고 불도를 수행하는 곳이다. 그러므로 스님이 있고 그 스님들이 불도를 닦는 곳이면 모두 절이라고 할 수 있다. 이런 절에는 불상과 탑이 모셔지고 모셔진 불상은 여러 형태이다.

또 그런 불상이 모셔진 집(殿閣)에는 대웅전이니 무량수전이니 관음전, 명부전 등의 이름이 있다. 또 한 절에 이런 불상을 모신 집이 여러 채 있는 경우가 있으며 그것들이 어떤 규칙에 따라서 배치되어 있음을 알 수 있다.

여기에서는 탑과 불상이 있는 집 그리고 그런 집들의 배치에 대하여 간단히 알아보려고 한다. 또 절이 부서진 다음 그 절을 조사할 때 어떤 것들을 참고로 하는가에 대해서도 간단하게나마 언급하고자 한다.

탑

부처가 열반(涅槃;돌아가셨다는 뜻으로 入滅이라고도 한다)하고 난 다음 약 200년 동안은 불상에 예배하지 않았고 또 별도로 절을 짓지도 않았으며, 어떤 의식을 위하여 집을 지을 경우도 부서지기 쉬운 것으로 지었다. 다만 열반한 부처와 그 부처의 제자(신도)들을 기념하는 기념물이 있었고, 이 기념물은 공을 반으로 자른 형태를 하고 있었다. 이것을 스투파(stūpa)라고 하며 탑의 원초형이라고 할 수 있는 것이다. 즉 부처를 인간화한 형상이 처음에는 없었고 다만 기념물로서의 스투파가 비교적 빨리 등장하였다.

스투파는 사리탑이라고도 하며 본래 왕과 같은 사람들의 무덤이었다. 불교에서는 부처와 위대한 신도들의 유골 곧 사리를 묻는 장소였으며 또 기념할 만한 장소에 기념물로서 세우기도 하였다.

인도에서 만들기 시작한 스투파는 공을 반으로 자른 형태로 둥글게 흙과 돌을 쌓아 올렸다. 꼭대기 부분은 약간 평평하게 하고 그 위에 네모난 돌난간을 두른 뒤 중앙에 있는 기둥에 둥근 지붕을 씌운 형태를 하고 있었다. 이같은 둥근 지붕을 보개라고 하는데 이는 영광과 영예를 상징하는 것이다.

기원전 3세기에 인도 아쇼카왕이 건립했다는 84,000개의 스투파는 그 형태가 차츰 변화를 보이다가 기원후 4세기초경 중국에서 현재의 것과 같은 여러 층의 건물 형태의 탑으로 변화하게 되었다. 이런 형태의 탑에서 스투파는 간략해져서 탑의 꼭대기 부분을 장식하게 되었는데 이런 탑을 파고다(pagoda)라고 구분하기도 한다.

우리나라 탑과 관련이 있는 중국의 탑은 다층, 다각 건물의 영향을 받아 성립된 것으로 생각되며 처음에는 주로 4각, 8각의 평면형에 나무나 벽돌로 만들었다. 어쨌든 탑은 처음에는 부처의 무덤 또는 부처와 신도를 기념하는 상징으로 만들기 시작하였고, 파고다로 형태의 변화를 보인 이후에도 부처의 사리를 모신 곳 또는 부처를 기념하는 상징물로서 예배의 대상이었다.

불전

처음 불교에서 불상을 만들지 않고 기념물로서 탑을 만들기 시작한 것은 기독교에서 우상을 만들지 말라는 것과는 다르다. 이는 불교가 나타난 인도 브라만교의 영향 때문이지 어떤 금지령이 있었던 것은 아니다.

그러나 대승불교가 일어나 발전하면서 차츰 불상을 만들 필요성이 생기게 되었다. 일반 대중에게 부처의 가르침을 전할 때 눈에 보이는 부처가 절실히 요구되었는데, 인도에서는 기원후 1세기경에 등장하고 있다.

불상에는 부처의 인간적인 특성과 중생을 구원하는 사람으로서의 속성이 있어야 한다. 특히 후자의 것은 초인간적인 신비스러움이 강조되어야 하는 것으로 전자의 것과는 대립적인 속성이 있다. 따라서 불상에는 크게 32가지의 특징과 80가지의 작은 특징이 표현되어야 하며 이를 상호(相好)라고 한다. 곧 일반 사람들과는 다른 부처만의 특징이 표현되어야 하며 이 다른 점이 상호인 것이다.

예컨대 불상의 머리 위에는 깨달음과 지혜를 상징하는 혹처럼 볼록한 것이 있는데 이것을 육계(肉髻)라고 한다. 또 이마 가운데에는 백호(白毫)가 있어 보통 수정이나 보석을 박는데 이것은 지혜의 빛을 상징한다. 또 손의 모양이나 앉아 있는 자세에도 각각 규범과 뜻이 있다. 특히 손의 모양은 불상이 어떤 부처인가를 알려 줄 뿐아니라, 앉은 자세나 앉아 있는 자리(대좌)와 더불어 부처가 어떤 상태인가를 말해 주는 단서가 되기도 한다.

부처는 석가모니 한 분만이 아니며 석가모니불의 전신이었다고 하는 다보부처도 있으며 또 석가모니불의 여러 가지 속성을 대변하는 부처도 있다. 또한 그의 후계자로 알려진 미륵부처도 있다. 현세에서 석가모니불의 여러 속성을 대표하는 부처로는 비로자나불, 아미타불, 약사여래가 있으며 이들 부처님을 여래(如來)라고 한다.

비로자나불은 광명을 상징하며 보통 왼손의 집게손가락을 뻗어 세우고 오른손으로 그 첫째 마디를 쥐고 있다. 이런 손 모양(手印)을 지권인(智拳印)이라고 하며 이 부처를 모신 건물을 대적광전이라고 한다.

아미타불은 서쪽 극락정토에 있으면서 중생을 구제하는 부처로서 손의 모양이 여러 가지이다. 설법을 하거나 조용히 참선을 할 때의 손 모양이 모두 다르며 설법을 할 때도 그 대상에 따라 손의 모양이 달라진다. 이 부처를 모신 집을 무량수전이라고 한다.

약사여래는 질병을 비롯한 모든 고뇌로 부터 중생이 해방되도록 해주는 부처이다. 왼손에는 약병이나 약단지를 들고 있으며, 오른손은 들어 올려 다섯 손가락을 펴서 손바닥을 보이게 하여 두려움에서 벗어나라는 형태를 하고 있다. 이런 손모양을 시무외인(施無畏印)이라고 하며 약사여래가 모셔진 집을 약사전이라고 한다.

끝으로 석가모니불은 세상에 태어나 법을 깨닫고 중생을 구제한 부처로서 왼손을 무릎 위에 놓고 오른손을 내려서 땅을 가리키는 항마촉지인(降魔觸地印)을 보이는 경우가 많다. 석가모니불을 모신 집을 대웅전 또는 대웅보전이라고 한다.

이같은 부처 외에 그보다 한 등급이 낮은 보살이 있다. 보살은 부처가 되기 위하여 중생을 구제하는 일을 부지런히 하고 있는 성인(聖人)들이다. 보살들은 때로 부처를 옆에서 모시는 형태로 나타나기도 하는데 아미타불의 좌우에는 관세음보살·세지보살이 있고 약사여래의 좌우에는 일광보살·월광보살, 석가모니불의 좌우에는 문수보살·보현보살 또는 미륵보살이 있는 것이 일반적이다. 주존과 양 보살이 함께 있는 것을 이른바 삼존불이라고 하며 때로는 부처를 모시지 않고 보살만 단독으로 모시기도 한다. 이 때 관세음보살을 모시는 집을 관음전, 미륵보살을 모실 경우 미륵전이라고 하며, 지장보살을 모신 집을 지장전 혹은 명부전, 시왕전이라고도 한다.

보살 다음으로는 5명의 명왕(明王)이 있다. 또 범천, 제석천, 사천왕, 팔부중, 인왕 등 불법을 수호하는 성인들이 있다. 또 불교를 수행하는 사람들 중 번뇌를 끊고 불교의 이치를 밝히 얻어서 존경을 받을 만한 사람들로 16나한, 500나한, 10대 제자 등이 있어 이들을 모시는 집들이 별도로 마련되기도 한다. 특히 불법을 지키는 수호신 중에서 사천왕은 천왕문 곧 절의 입구를 지키고 있는 것을 볼 수가 있다.

이처럼 여러 불상 또는 예배 대상을 모신 집들을 통틀어 불당이라고 하며 그 중에서 절의 중심이 되는 부처를 모신 집을 법당, 제진, 정당, 금당이라고 한다. 즉 그 절에서 가장 중요하게 여기는 부처

또는 그 부처를 중심으로 한 불상들을 모신 집을 금당이라고 한다. 이 때 중심되는 부처가 어떤 분인가에 따라서 대웅전, 대적광전, 무량수전 등 금당의 명칭이 정해진다.

절

처음 인도에서는 탑의 주위에 한 사람의 스님이 거처하는 방이 마련되어 있었다. 여기에서부터 불교의 절이 유래한다고 할 수 있다. 이같은 절은 불상이 만들어지자 차츰 중앙에 있는 탑을 중심으로 둥글게 1인용의 방을 배치하고 각 방에는 다시 작은 탑을 두고 불상을 모시는 형태로 발전되기도 하였다. 이런 절들은 동굴인 경우가 적지 않았다. 이것은 고대 인도에 있어서 지극히 성스러운 곳이었으며 도를 닦는 사람들의 주된 생활 근거지였다. 이것이 이른바 동굴 사원의 시작이라 생각된다.

그 후 이같은 동굴 사원과는 다른 형태의 절이 특히 중국, 우리나라, 일본을 중심으로 나타나게 된다. 이런 절은 기본적으로 남북을 잇는 중심축 선상에 금당과 탑과 강당 그리고 문이 배치되고, 동굴 사원과는 달리 스님들의 거주 공간은 이 탑이나 금당을 중심으로 한 구역에 마련되지 않는다. 남북축을 중심으로 건물들이 들어선 구역을 절의 중심 구역이라고 한다. 이 중심 구역을 다시 길게 연결해 주는 복도와 같은 건물이 있는 경우가 많으며 대체로 이런 건물의 좌우 곧 동서로 일정한 곳까지 복도와 같은 건물이 마련되고 이 긴 건물이 90도로 꺾이기도 한다. 이런 건물을 회랑이라고 하며 중심축을 중심으로 대칭되는 곳에 배치된다.

가람이란 본래 승가람마(saṁghārāma)라는 옛 인도말의 준말이다. 여러 스님들이 살면서 불도를 닦는 곳, 즉 절을 의미한다. 또 절에 딸리어 있는 집들을 뜻하기도 한다. 이처럼 상당히 많은 절들이 남북 중심축을 중심으로 좌우 대칭을 이루며 배치되고 회랑이 그 중심 구역을 둘러싸게 되어 이 중심 구역으로 들어오는 입구가 문인 셈이다.

강당은 여러 스님들이 모여서 불교의 교리를 연구하고 배우는 곳으로 대체로 금당의 뒤쪽 곧 북쪽에 배치된다. 그런데 해인사, 송광사, 부석사와 같은 이름난 절에 가면 회랑과 같은 건물을 찾아볼 수가 없다.

또 금당의 북쪽에 강당이라고 볼 수 있는 건물이 없는 절도 많다. 특히 산 속 깊은 곳에 자리하고 있는 작은 암자 중에는 집 한 채만 있는 경우도 적지 않다. 이들 절은 대체로 선종(禪宗)에 속하는 절로 생각할 수가 있다. 선종 또는 소승불교 계통의 절에서는 여러 스님들이 모여서 수행하기보다는 개개인의 수양에 비중을 두기 때문에 불도를 닦는 장소도 의식적으로 분산하는 경향이 강하게 된다. 따라서 불교의 교리를 공동으로 모여서 연구하거나 배우는 것에 큰 비중을 두지 않기 때문에 그런 장소인 강당이 필수적이 아니라고 할 수 있다.

이런 절에서는 절의 핵심이 되는 탑과 금당은 별도의 건물로 마련하되 부수적인 강당이나 문이 하나의 건물로 통합되는 경향을 보인다. 즉 문을 누각 형태로 만들어 누대 아랫부분은 절에 이르는 문의 역할을 하게 하고 누대의 윗부분인 누마루를 강당으로 이용하기도 한다. 또 좌우 회랑이 들어설 자리에 불도를 닦는 주체인 스님들이 거주하는 승방이나 금당이 아닌 불당이 배치되기도 한다.

이같은 배치를 한 절은 참선을 중요시하는 절이므로 조용한 곳을 찾게 되며, 분산되어 불도를 닦으려니까 개인적으로 도를 닦는 장소를 마련하게 된다. 즉 절 주변 조용한 곳에 많은 암자를 거느리는 것이 통례이다. 그러므로 대체로 깊은 산 속에 절이 만들어진다. 이런 절을 산에 있다 하여 산지 가람이라고 한다.

반면에 강당과 회랑을 가진 절은 대체로 여럿이 모여 학습에 의하여 불교의 깊은 뜻을 깨우치는 가람이므로 많은 사람이 모이게 된다. 또 대승불교 측면에서도 여러 중생을 구제한다는 의미에서 사람이 많이 모여 사는 평지에 절이 들어서게 된다. 이런 절을 평지 가람이라고 한다.

절터

이미 말한 것처럼 절은 부처라는 존귀한 존재를 모시고 있기 때문에 일반적으로 초라하지 않고 부처에 합당한 정도로 웅장하고 호화롭다. 그래서 그 집은 대체로 기와를 입힌 집이며 일반 가정집과는 달리 울긋불긋하게 단청으로 장식을 한다. 또 그 규모도 큰 편에 속한다. 이같은 절이 어떤 이유에 의하여 무너지고 폐허로 변하게 되면 절의 지붕에 올렸던 기와가 깨어져 곳곳에 흩어지게 되고 절에서 사용하던 그릇들도 이곳저곳에 흩어지게 된다.

그러나 이같은 현상은 비단 절의 건물만이 아니다. 기와집(일반 가정집이거나 관청의 건물 등)에서는 일반적으로 볼 수 있는 일이다. 그러므로 기왓장이 있거나 그릇 조각이 있다 하여 이를 모두 절이 있었던 곳이라고 할 수는 없다. 단지 기와집이 있었다는 것만을 알 수 있다. 그러나 그 주변에 절과 관계가 깊은 물건, 예컨대 돌부처나 탑과 같은 것이 있다면 우리는 쉽게 절터라고 생각할 수가 있다.

더구나 기왓조각에 절과 관련된 글씨가 있거나 더 나아가서 절의 이름이 새겨져 있으면 분명한 절터임을 알 수가 있다. 또 그같은 절의 이름이 역사 기록, 예컨대 「삼국유사」나 「동국여지승람」 등과 같은 책에 기록되어 있다면 상당히 많은 것을 알 수가 있게 된다. 혹 글씨가 있는 기왓장은 찾지 못하더라도 앞에서도 말했듯이 가령 빈대절터라는 전설이 있다든가 기왓장과 그릇 조각이 있는 곳을 절골이라고 부른다든가 할 경우 절터가 있었을 가능성이 크다고 할 수 있다.

이런 식으로 파악되는 절터 또는 역사 기록에 있는 절터들 중 비교적 절을 지은 시기가 빠르고 중요한 절터를 부록으로 첨가했다. 절터를 조사할 때 우선 그 절터에 대한 옛 기록이 있는지 찾아본다. 만약 그런 기록이 있을 경우 특히 그 절이 언제 지어졌고 언제 불이 나서 언제 다시 짓고, 언제 폐허로 변했는가 하는 기록이 있고 그 기록이 믿을 만한 것이라면 조사하는 데 매우 큰 도움이 될 것이기 때문이다.

그런 기록이 없더라도 탑이 남아 있다든가 불상이 남아 있다면 그것을 통하여 가람의 남북 중심축을 추측할 수 있을지도 모른다. 그같은 것이 없다고 하더라도 만약 얼마간의 주춧돌(柱礎石)이 남아 있다면 그것들을 통하여 가람의 남북 중심축이 어느 부분인가를 알 수도 있다. 즉 이미 말한 바와 같이 남북 중심축 선상에 중요한 건물들이 놓이게 되므로 그 중심축을 따라서 탑, 금당, 문, 강당 등을 찾을 가능성이 크다.

역으로 금당의 동서 방향을 안다고 하면 가람의 남북 중심축은 그 금당의 동서 방향과 직각을 이루고 있을 것으로 추측할 수가 있게 된다. 땅 위에 전혀 아무런 흔적이 없을 경우 곧 기왓장이나 그릇 조각만이 있을 경우 우리는 전혀 그 절의 배치가 어떠했었는지 가람의 남북 중심축이 어디인지를 알 수 없게 된다. 그럴 경우라도 남북 방향을 중심으로 조사를 시작할 수가 있다.

절의 건축물들(집이나 문, 탑과 같은 것)은 대체로 주변보다는 한 단 높은 곳에 기초를 마련하고 자리하고 있다. 즉 우리의 가정집에서와 마찬가지로 터를 마당보다 한 단 높게 마련하고 집을 짓거나 탑을 세우게 된다.

이와 같이 주변보다 한 단 높게 마련한 곳을 기단이라고 한다. 이런 기단 안쪽에 있는 흙이나 돌 등이 밖으로 흘러나오게 되면 그 집이나 건축물이 무너지게 된다. 그래서 이를 막기 위하여 필요한 조치를 하게 된다. 즉 기초를 지탱하기 위해 돌이나 나무 등으로 기단 안쪽을 다지는 경우가 많이 있다. 때로는 단지 흙만으로 다지는 경우도 있고 기와를 쌓는 경우도 있다. 드물게는 벽돌을 쌓은 경우도 있다. 심하게 파괴되거나 오래 되어 주춧돌이 없어졌더라도 기단의 흔적으로 그 집의 대체적인 규모를 파악할 수 있는 경우도 적지 않다.

절터의 조사에 기단의 존재는 상당히 중요한 의미를 가지며 기단 안쪽에 건물이 있었음을 알 수 있는 요소가 된다. 이제 이러한 점을 염두에 두고 실제로 발굴 조사가 이루어진 절터 중 몇몇을 살펴보기로 하겠다.

중요한 절터

고구려, 백제, 신라가 한반도에 정립(鼎立)하고 있을 때 삼국이 모두 불교를 받아들여 국교로 삼았으나 유독 신라에서는 다른 두 나라와는 달리 불교가 국교로 공인되기까지는 묵호자나 아도의 이야기에서 알 수 있듯이 적지 않은 어려움이 있었다.

그러나 이차돈의 순교를 빌미로 불교가 공인된 신라에서는 다른 두 나라보다 효과적으로 민심을 결합하고 국가의 기틀을 다지는 데 불교가 크게 이바지하였다. 그것은 진평왕과 그 왕비의 이름을 석가불의 아버지와 어머니의 이름과 같은 백정과 마야라고 한 점에서도 분명히 알 수 있듯이 왕이 곧 부처라는 관념의 불교, 즉 부처인 왕을 중심으로 하여 나라를 지킨다는 속성이 강한 불교(護國佛教)를 발전시킨 데 있다.

이러한 신라 불교의 발전은 화랑들의 행동 지침인 세속 오계에도 반영되어 신라가 삼국을 통일하는 기틀이 되기도 했다. 이와 같은 신라 불교의 속성을 잘 드러내고 그같은 목적을 위해 지어진 절이 황룡사이고 지금은 경주시 구황동에 절터만 남아 있다.

황룡사지

황룡사에 대해서는 적지 않은 기록이 남아 있다. 「삼국유사」와 「삼국사기」에 처음 절을 짓게 된 동기에 대해서

"진흥왕 14년에 월성의 동쪽 (「삼국유사」에는 용궁의 남쪽)에 새로운 궁궐을 짓고자 했는데 그곳에서 황룡이 나타났기 때문에 절로 고쳐 짓고 절의 이름을 황룡사라 했다."

라는 기록이 있다.

용이 나타났다는 것은 믿기 어렵고 무슨 다른 이유가 있었을 것으로 생각된다. 즉 궁궐을 짓다가 절로 바꾸게 된 데에는 용의 출현을 핑계로 어떤 의도가 숨어 있었을 것이다. 처음 불교를 공인할 때 그것을 방해했던 귀족들이 절을 짓는 데 대해 탐탁하게 여기지 않았을 것이다. 흥륜사가 완성된 지 9년 만에 또 새로 절을 짓는 것을 반대하므로 궁궐을 짓는다고 시작해 놓고 황룡의 출현을 핑계로 절을 짓게 된 것이라는 설명이 있다. 이 때 지어진 절을 황룡사의 1차 가람이라고 하며 569년에는 주변의 담장까지 완성되었다.

그로부터 5년 뒤에 황룡사 장육존상을, 그리고 다시 10년 뒤에는 금당을 완성하였다. 장육존상은 다음에 말할 9층 목탑과 함께 신라 3보의 하나이다. 그 조성에 대해서는 「삼국유사」에 다음과 같이 기록되어 있다.

황룡사의 담장 공사를 끝내고 얼마 지나지 않아 지금의 경남 울주 지방에 큰 배가 와서 닿았는데 그 배에는 편지와 1불 2보살상의 모형이 실려 있었다. 편지는 "인도 지방의 아육왕이 황철 5만 7천 근과 황금 3만 푼으로 석가삼존불을 만들려고 했는데 이루지 못하여 바다에 띄워 보내니 인연 있는 나라에 가서 장육존상이 이루어지기를 바란다"는 내용이었다. 이에 이 황철과 황금을 서울로 옮겨 장육존상과 2보살상을 만들어 황룡사에 모셨다고 한다. 1장 6척

곧 5미터에 가까운 높이의 장육존상을 1차 가람의 금당에 모시기에
는 금당이 너무 작았던 것 같다. 그래서 장육존상을 조성하고 난
뒤 금당을 다시 크게 짓게 된 것으로 보인다.

금당이 완성된 뒤 60여 년이 지나 선덕여왕 때(643년)에 황룡사
9층 목탑이 만들어지게 되었다. 이 목탑의 건립에 대해서는 「삼국유
사」와 「찰주본기」의 기록이 있다. 즉 진골 출신의 승려인 자장이
당나라에 유학하여 태화못가를 지나다가 신인을 만나 얘기를 나누
게 되었다.

자장이 "우리나라는 주변에 있는 말갈, 고구려, 백제 그리고 왜의
침범이 많아서 걱정이다"라고 말하자 신인이 "황룡사를 지키는
용은 나의 큰 아들인데 그 절에 9층 탑을 세우면 근심이 없고 나라
가 태평해질 것이다"라고 일러 주었다.

그 후 자장이 신라로 돌아와 황룡사에 9층 목탑을 세울 것을 건의
했다. 9층 목탑을 세우면 주변의 9개 나라의 침략으로부터 신라를
지켜줄 것이라는 자장의 건의에 따라서 목탑을 세우게 되었다.

목탑을 세우기 위하여 백제에서 아비지를 초청하였는데 처음
찰주를 세우던 날 밤 아비지는 백제가 망하는 꿈을 꾸고 일손을
놓았는데 갑자기 땅이 진동하고 한 늙은 중과 힘센 장사가 나와
찰주를 세우고 사라졌다. 이에 아비지는 일손을 놓았던 것을 후회하
고 탑을 만들기 시작하여 645년에 완성하였는데 탑의 높이가 약
80미터에 이르렀다. 이 탑에는 자장이 중국에서 들어올 때 가져온
부처의 머리뼈, 치아, 가사, 사리 100알을 셋으로 나누어 그 중 하나
를 모셨다고 한다.

목탑의 완성과 더불어 이루어진 절(이를 2차 가람이라고 함)은
1차 가람에 비하면 규모가 매우 큰 것이었고 일반적으로 말하는
황룡사는 바로 이 2차 가람을 가리킨다. 그 후 여러 차례에 걸쳐
수리와 중건이 계속되면서 호국 사찰로서 숭앙되다가 1238년 몽고

의 침입 때 몽고군이 지른 불로 모두 타버리고 마침내 폐허로 변하게 되었다. 폐허가 된 황룡사지에는 민가가 들어서게 되었으며 절에 사용되었던 돌들을 빼내어 집을 짓는 데 이용하기도 하고 그 터에는 밭을 갈기도 했다.

학계에서 이 절터를 조사할 필요가 있다는 생각을 하게 되었으나 사지의 규모가 워낙 크기 때문에 치밀하고 방대한 계획과 국가적인 지원 없이는 불가능한 것이었다. 그러다가 경주 관광 개발 계획의 하나로 통일에 대한 뜻이 담겨 있는 황룡사지가 더 이상 파괴되지 않도록 하고 신라 문화의 실체를 알아 낼 뿐만 아니라 사회 교육의 터전으로 삼겠다는 목적에서 1976년 황룡사지에 대한 발굴 조사가 문화재연구소 주관으로 시작되었다. 1983년까지 진행된 발굴 조사 결과는 보고서로 발간되었으며 4만 점에 달하는 각종 유물이 출토되어 우리 문화에 대한 귀중한 자료가 되었다. 발굴 조사 내용을 가람 배치 중심으로 살펴보면 다음과 같다.

이미 「삼국유사」의 기록에서 알 수 있는 것처럼 황룡사는 1차 가람과 2차 가람이 있는데 발굴 조사에 의하면 2차 가람에는 종루와 경루가 있었다고 한다. 즉 절의 배치만을 생각할 때 크게 3차에 걸쳐 평면적인 변화가 있었다.

1차 가람은 2차 가람을 만들면서 크게 파괴되어 탑과 금당이 확인되지 않으나 탑과 금당이 1개일 것으로 생각하고 있으며 탑은 목탑일 가능성이 크다. 또 금당의 좌우에는 회랑이 둘러져 있었으며 금당의 북쪽에는 강당이 있었고 탑의 남쪽에는 중문이 있었다. 중문의 좌우에 있는 남회랑은 금당과 탑, 강당을 둘러싼 동, 서회랑보다 더 동서로 연장되며 이 남회랑이 끝나는 곳에서 다시 북쪽으로 긴 건물지가 연결되고 있다.

이 건물지는 궁궐을 짓다가 절로 바꾸면서 본래 궁궐의 건물이었던 것을 1차 가람의 승방으로 이용한 것인 듯, 다른 절에서는 이와 비슷한 배치의 예를 찾아볼 수 없는 특이한 형태이다. 승방으로 생각되는 건물의 바깥으로는 담장이 자리하고 있는데 담장은 동서 길이 288미터, 남북 281미터로 거의 정방형을 이루며 절과 속세를 구분짓고 있다.

2차 가람은 이미 살펴본 바와 같이 장육존상을 만들면서부터 시작하여 목탑이 세워질 때를 전후한 시기까지 비교적 오랜 기간에 걸쳐 이루어졌으나 처음부터 계획이 있었는지는 분명하지 않다. 조사된 바로는 중문의 뒤에 목탑이 있고 그 북쪽에 중금당이 있으며 중금당의 북쪽에 강당지가 있다. 이들의 바깥에는 회랑이 있는데 1차 가람의 승방지 위에 자리하고 있다.

3차 가람은 2차 가람을 기본으로 탑과 남회랑 사이의 동쪽, 서쪽에 경루와 종루가 들어선 평면 배치의 가람이다. 이 가람은 2차 가람에 경루와 종루가 덧붙여짐에 따라 남회랑과 중문이 남쪽으로 약간 이동하여 자리하게 되고 남회랑이 동, 서회랑보다 더 동쪽과 서쪽으로 연장되어 있다.

일반적으로 남회랑은 동, 서회랑과 연결되거나 그 끝을 맞추는데 3차 가람의 경우는 그렇지 않다. 이 3차 가람은 다시 얼마간의 변화를 보이기도 했으나 폐사될 때까지 거의 기본적인 골격을 유지하고 있다. 이 3차 가람은 황룡사의 동종이 주조된 754년경에 성립된 것으로 생각할 수 있다.

황룡사의 동종은 754년에 49만여 근의 구리를 들여 만들었다고 「삼국유사」에 기록되어 있다. 현재 경주박물관에 있는 봉덕사 종 (에밀레종)의 무게가 12만 근이라는 기록이 있으므로 황룡사 종의 크기를 짐작할 수가 있으며 이 종을 달기 위해 종루를 세웠던 것으로 생각된다.

발굴 조사를 통하여 드러난 황룡사의 범위는 2차 가람의 회랑 안쪽을 중심으로 할 때 동서로 169.1미터, 남북으로 149.2미터의 크기이다. 이는 25,000평방미터에 달하는 넓이로서 현재까지 조사된 바로는 우리나라에서 가장 큰 절이다.

황룡사 2차 가람의 핵심은 장육존상이 모셔진 금당과 9층 목탑이라고 할 수 있다. 삼존불을 모셨던 중금당은 2중 기단으로 되어 있다. 하층 기단에 작은 주춧돌들이 놓여 있는데 이 주춧돌은 건물 추녀 끝의 차양을 받치기 위한 것으로 보인다. 이와 같은 예는 고구려 청암리 사지의 목탑지와 금당지에서도 볼 수 있다.

장육존상은 중금당에 있는 불대좌에 새겨진 불상과 광배를 끼웠던 홈구멍으로 미루어 서 있는 불상이었을 것으로 생각된다. 이제 동서에 있는 금당에는 어떤 부처가 모셔졌느냐 하는 의문이 남게 된다. 발굴 조사에서 분명히 알 수 있는 근거는 밝혀지지 않았으나 동금당과 서금당에는 불대좌나 불단이 있었던 흔적이 없는 점으로 보아 석불이나 금동불이 모셔지지 않았을 것으로 생각할 수가 있다. 이를 근거로 하여 동금당과 서금당에는 서인도에서 보내온 석가 삼존불상의 원래 모형이 모셔졌을 것으로 생각되기도 한다.

목탑지의 중심에는 무게가 약 30톤에 달하는 심초석이 있으며 앞서 말한 도굴당했던 사리장치가 이 심초석에 모셔져 있었다. 동서 길이 453센티미터, 남북 폭 300센티미터, 두께 128센티미터의 크기인 심초석은 장타원형의 화강석이다. 윗면 중앙에 사리를 모셨던 구멍이 있고 이 구멍 위를 네모난 돌로 덮어 놓았다.

이 돌은 절이 몽고군의 침략으로 불탄 뒤에 사리장치를 보호하기 위하여 옮겨 왔을 것이라는 견해도 있다. 또 심초석의 구멍은 사리 장치를 모셨던 구멍이 아니라 깃발을 꽂기 위한 것이라는 주장도 있다. 또 이 돌이「삼국유사」에 기록된 황룡사의 금당 뒷면에서 석가불과 가섭불이 설법을 했다는 곳의 바로 그 돌이라는 견해도 있다. 심초석 밑에는 중국 육조시대의 백자 항아리, 구리 거울 등의 유물이 있었다. 이 유물들은 목탑의 안전을 빌거나 심초석을 꾸미기 위한 것들로 생각된다.

심초석 하부를 조사한 후 조사 경위를 새긴 전(塼) 2장과 심초석을 조사했던 1978년도에 발행된 동전 490원을 넣고 심초석을 다시 원상태로 복원하였다.

80미터에 달하는 목탑을 세우기 위해서는 그 기초가 매우 튼튼해야 했을 것이다. 그래서 한때는 목탑의 높이가 80미터에 이른다는 기록은 과장된 것으로 생각하였다. 그런데 목탑지를 실제 조사한 결과 늪을 이루는 바닥에서부터 사람 머리만한 크기의 냇돌을 한 벌 깔고 그 위에 진흙을 얇게 덮고 다진 다음 다시 냇돌을 놓는 방법을 28번이나 반복하여 기초를 다진 것을 알았다.

이같은 기초라면 80미터의 목탑 건립도 충분히 가능했을 것이다. 또 목탑이 높기 때문에 벼락을 맞을 가능성이 컸으며 실제로 여러 차례에 걸쳐 벼락을 맞기도 하고 지진 등으로 피해를 입었다는 기록이 남아 있다. 즉 「삼국사기」와 황룡사지에서 출토된 「찰주본기」에는 여러 차례에 걸쳐 수리했으며 특히 경문왕 때인 872년에는 탑을 헐고 다시 세웠다고 기록되어 있다.

목탑을 세우기 위해 백제의 아비지를 초청한 것은 의자왕 때였는데 이 시기는 신라와 백제간의 전쟁이 심한 때였다. 그럼에도 적대국의 기술자를 초청한 것은 그만한 높이의 목조 건물을 만든 경험이 없었기 때문이었을 것이다. 이를 다른 각도에서 생각한다면 백제의 아비지가 그같은 경험이 있었거나 그 정도의 기술이 있다는 것이 신라에까지 알려졌기 때문이라고 하겠다. 따라서 아비지가 백제에서 가장 높은 목조 건물을 짓는 데 종사했었을 것이고 그렇다면 미륵사지의 목탑을 생각할 수가 있다.

좀 비약이 될지는 모르겠으나, 다음에 살펴볼 미륵사지의 중앙에 있던 목탑의 규모가 엄청나다고 추정하고 있다. 따라서 그 당시 나라 사이에 절의 건립을 통한 경쟁을 했다고 생각할 수도 있다.

아비지가 탑을 세울 때 백제가 망하는 꿈을 꾸고 망설였다는 이야기가 있는데 이는 곧 이런 상황을 두고 표현한 것이 아닐까 생각되기도 한다.

80여 미터 높이의 황룡사 목탑은 경주 분지의 거의 모든 곳에서 바라볼 수 있었을 것이며, 그 탑이 있는 황룡사는 국가적인 절로 나라를 지키는 불교의 구심체로서 특히 중요한 존재였을 것이다. 이는 국가의 평안을 비는 의식의 하나로서 왕이 직접 참여하는 인왕회가 통일 전부터 신라의 국운이 끝나가는 경애왕 말년까지 여러 차례에 걸쳐 있었다는 기록만 보아도 분명하다 하겠다.

황룡사 금당지 「삼국유사」에 기록된 장육존상이 모셔졌을 것으로 보이는 금당지에 대한 조사에서는 기단의 형식이 2중기단이라는 것이 확인되었다.(오른쪽 위)
서금당지 황룡사의 서쪽 금당은 가운데의 금당에 비하여 규모가 작고 파괴가 심하였다. 기단의 형식은 중앙 금당과 동일한 2중기단이었다.(오른쪽 아래)

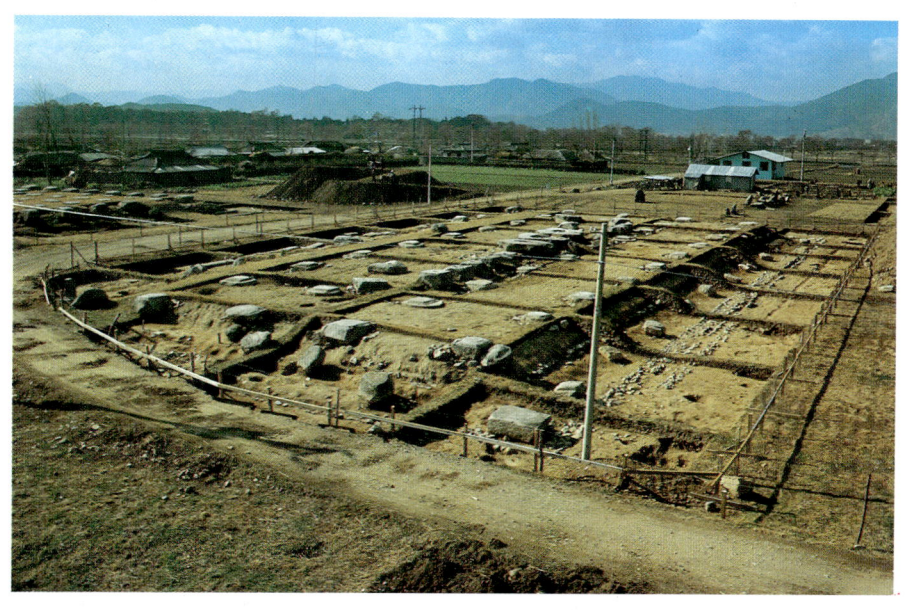

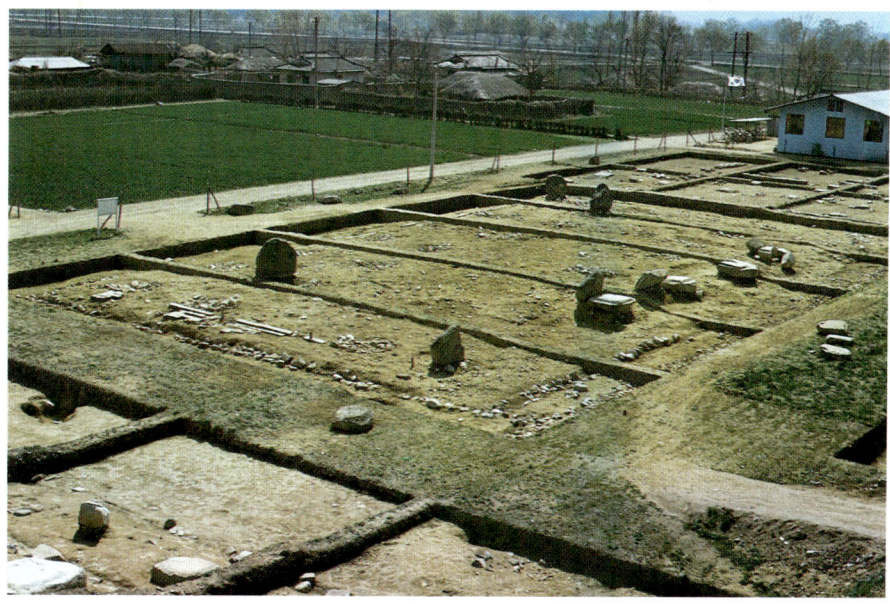

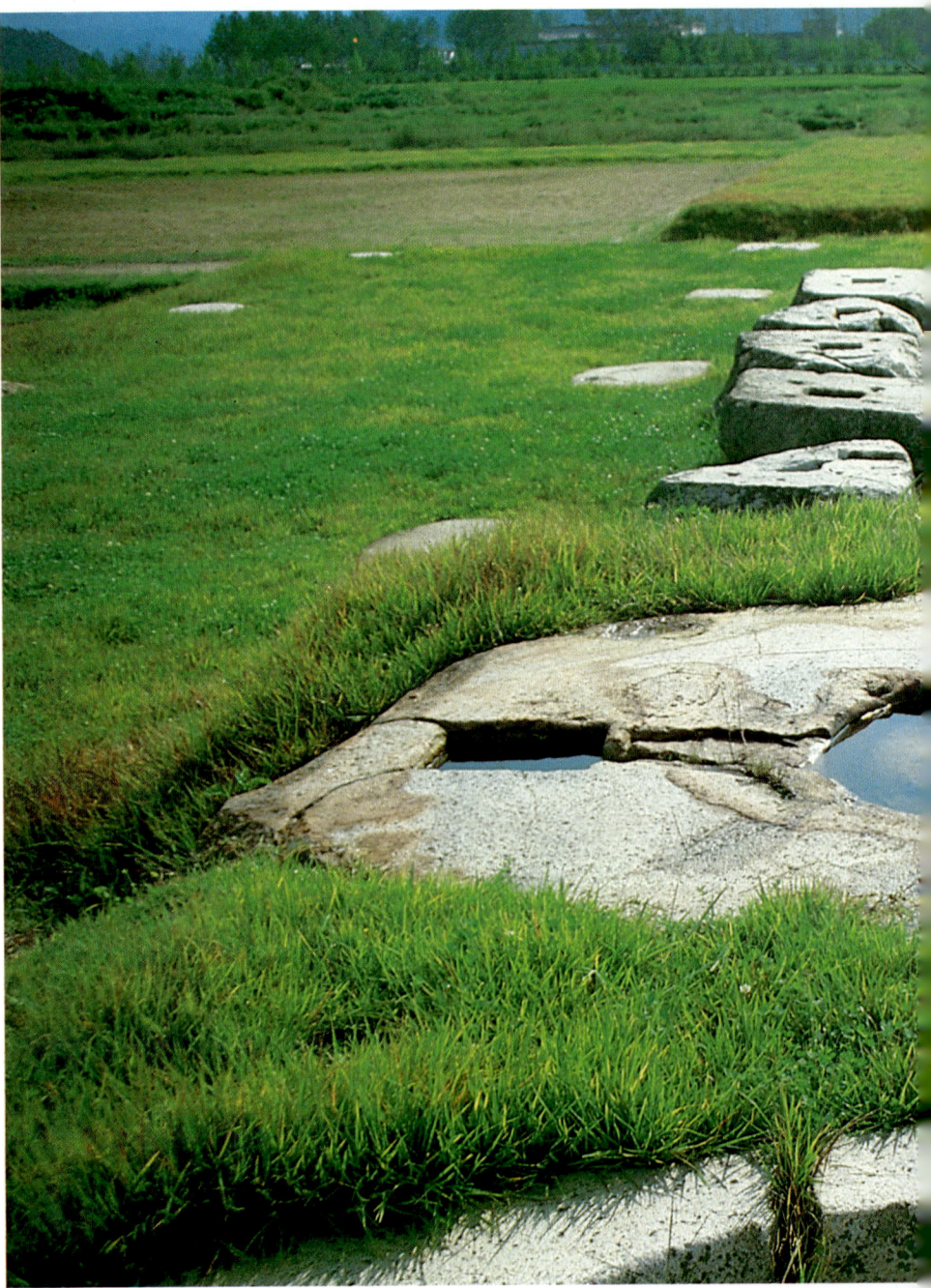

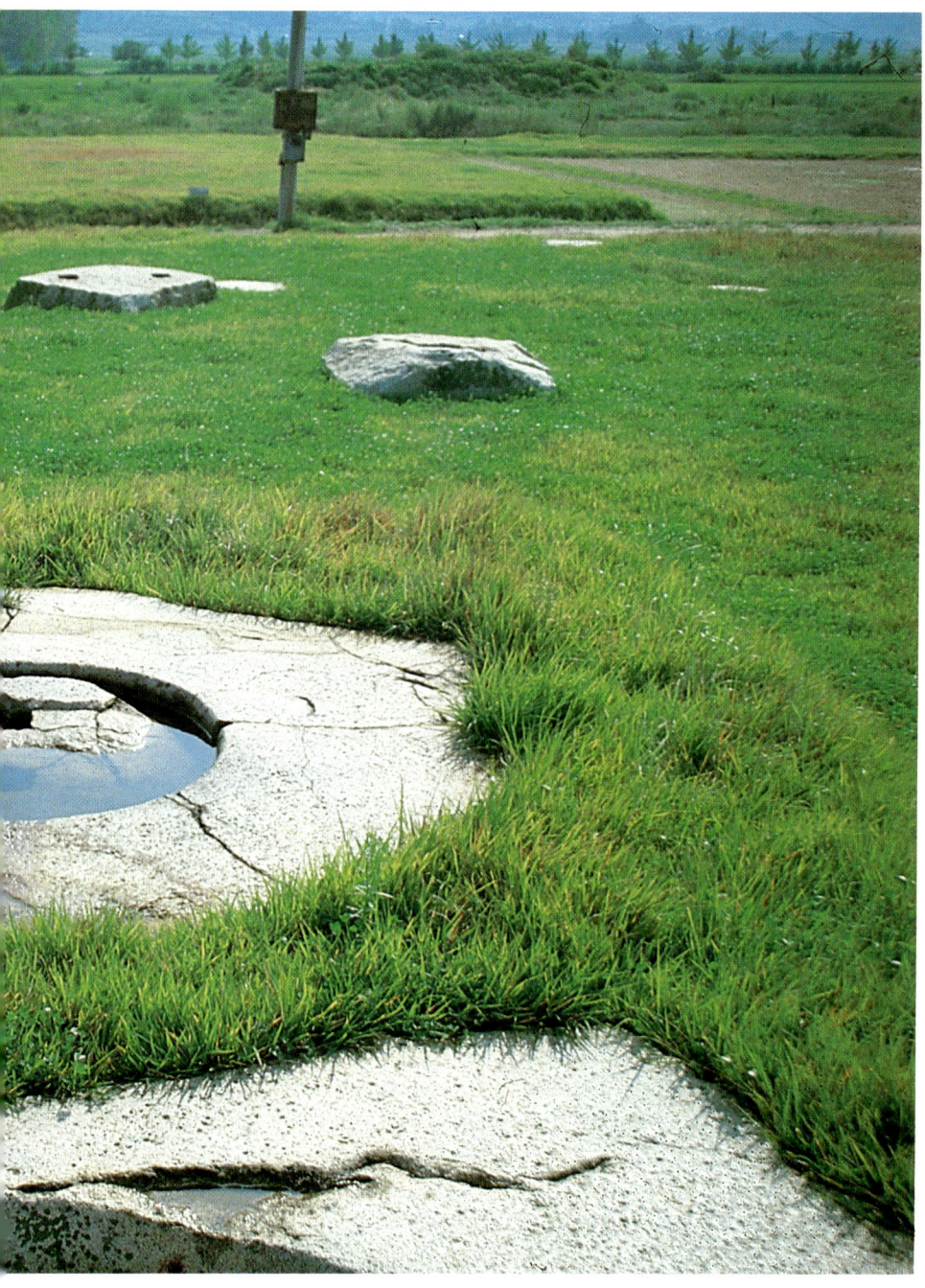

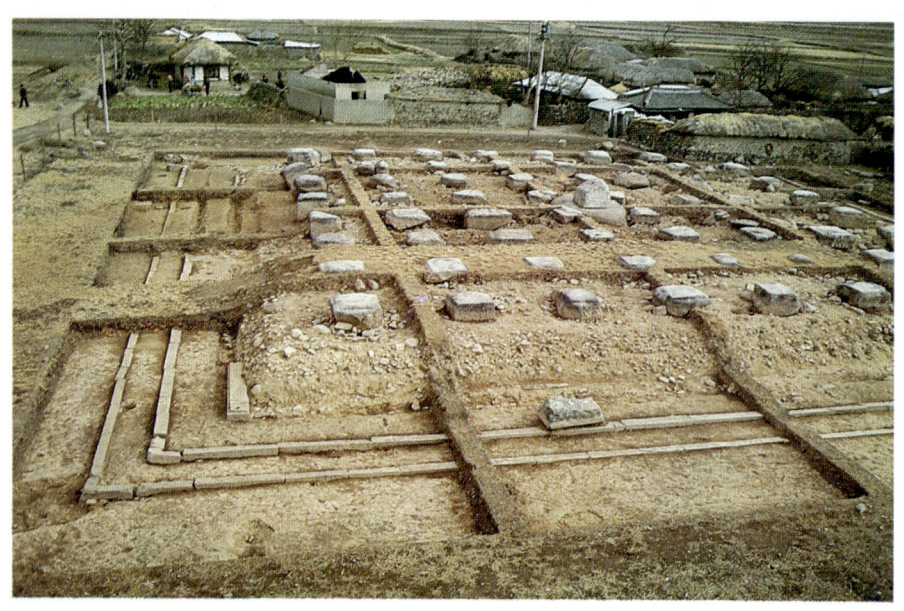

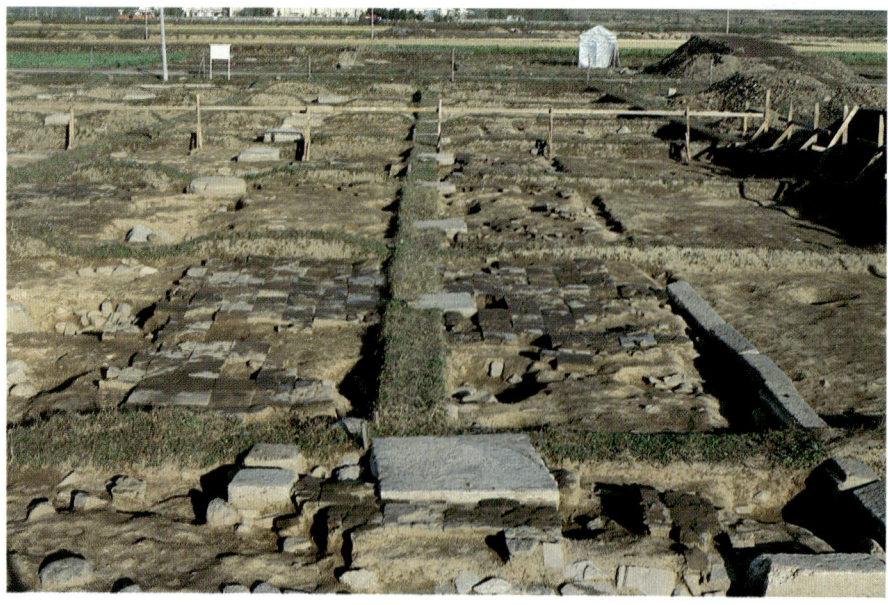

28

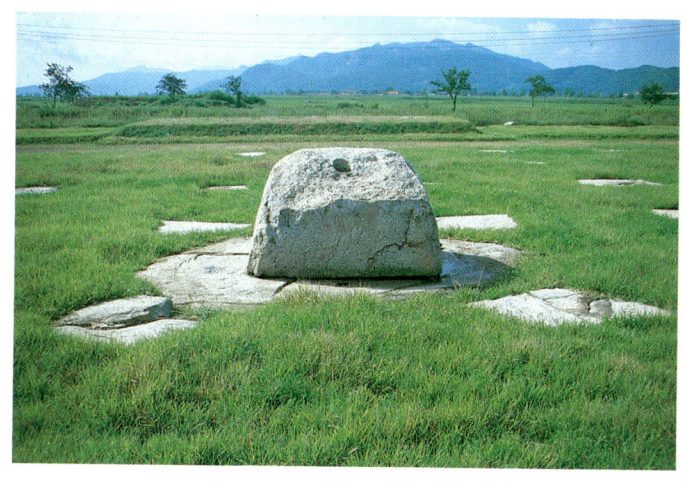

기단 내부 대좌 중앙에 있는 큰 대좌 옆쪽으로 작은 대좌가 자리하고 있어서 주존불 옆에 작은 불상이 있었음을 알 수 있다. 대좌석 윗면의 홈에 불상의 촉을 끼움으로써 불상을 안정되게 모시는 기능을 하도록 하였다.(앞)

강당지 강당은 일반적으로 사원에서 가장 큰 규모의 건물이다. 황룡사지의 경우 강당의 기단 규모는 52.64×21.1미터 길이인 300여 평의 건물로 강당에 모였던 사람의 수가 얼마나 많았는지 알 수 있다.(왼쪽 위)

목탑지 백제 사람인 아비지가 세웠다는 목탑은 높이 225자에 이르는 것이다. 이같은 높은 건물을 지탱하기 위하여 목탑지의 하부에는 4미터에 가까운 깊이에서부터 주춧돌을 놓고 있다.(왼쪽 아래)

목탑지 심초석 심초석은 길이 4.35미터, 폭 3미터의 장타원형을 이루는 화강암으로 30여 톤의 무게를 가진 것이었다. 안에는 사리를 모시기 위한 장치가 마련되어 있었는데, 사진에 보이는 것은 이 심초석 위에 놓여 있는 돌이다.(오른쪽)

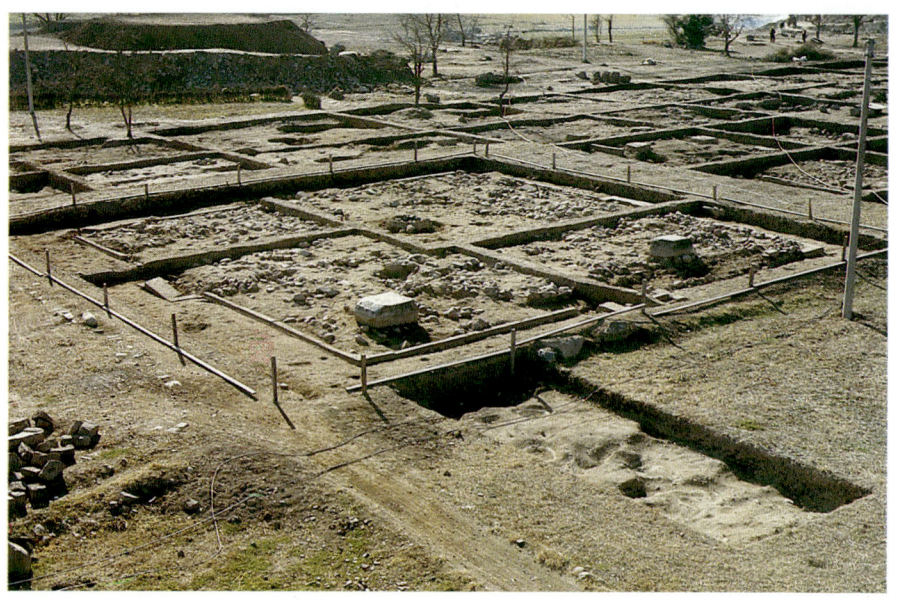

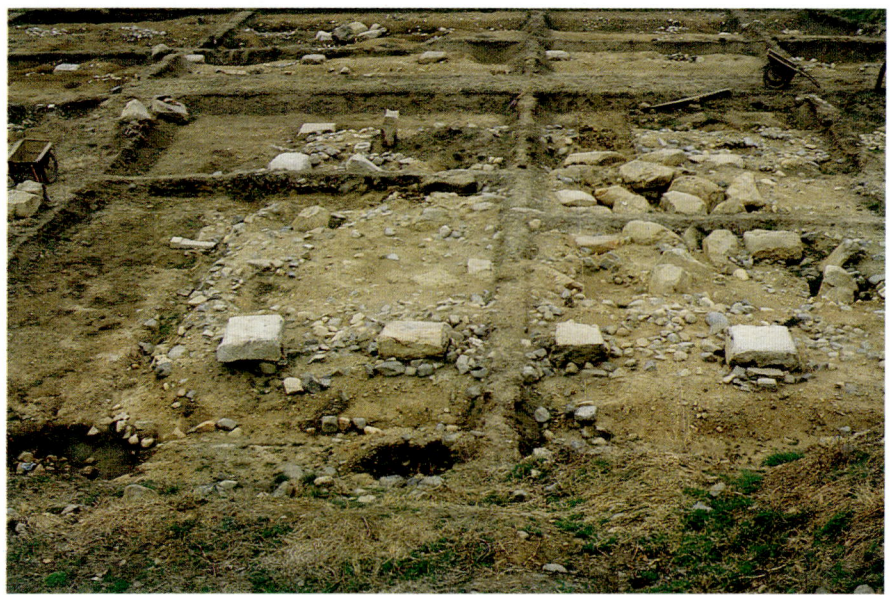

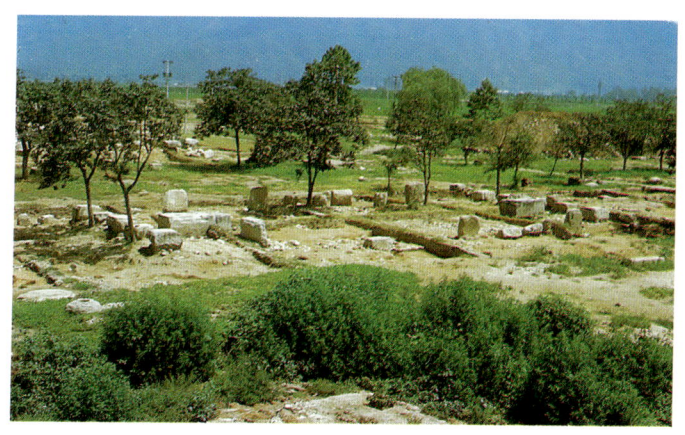

종루지 사진에 보이는 것은 2차 가람이 완성된 다음 3차 가람에서부터 등장하게 된 종루지이다. 황룡사에는 성덕대왕신종(에밀레종)보다 더 큰 종이 있었다고 하는데 이 종루지에 걸어두었던 것으로 생각된다.(왼쪽 위)

경루지 종루와 함께 3차 가람에서부터 가람의 중심곽에 들어서게 된 건물로 황룡사에 큰 종이 만들어진 854년을 전후한 시기에 건축된 건물로 보인다.(왼쪽 아래)

중문지 절의 중심곽인 탑과 금당이 있는 구역에 들어오기 위해서 지나는 문은 중문이 된다. 황룡사의 중문은 창건된 이래 3차에 걸쳐 고쳐 지은 것이다.(오른쪽)

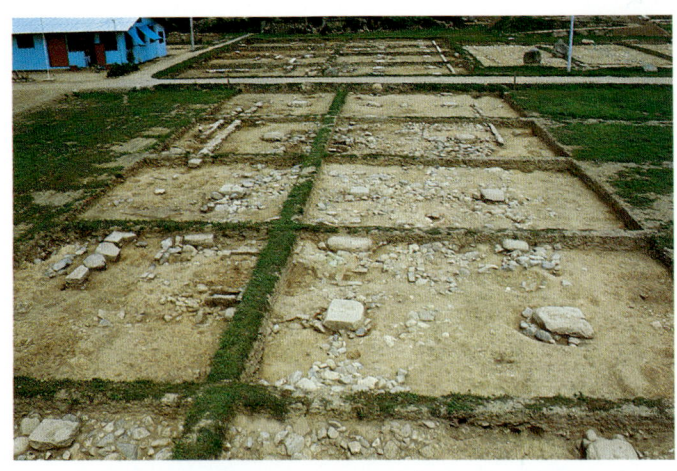

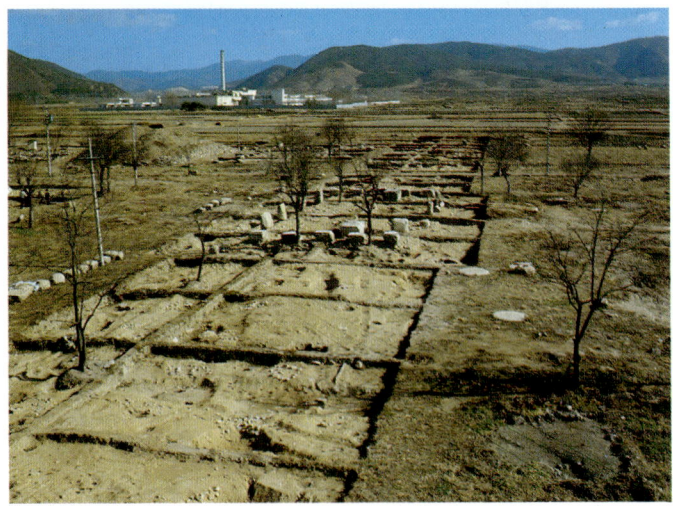

서회랑지 중심곽의 서쪽을 구획하는 2칸의 긴 건물이다. 사진은 북쪽으로 뻗은 서회
랑지의 한 부분으로, 기단 내부의 주춧돌과 기단석이 일부 남아 있는 것이 보인다.
(위)

남회랑지 중문의 좌우에 길게 자리한 남회랑은 중심곽의 남쪽을 구획하는 기능을
하고 있다. 이 회랑은 외곽으로 연결되어 담장에 이어진다.(아래)

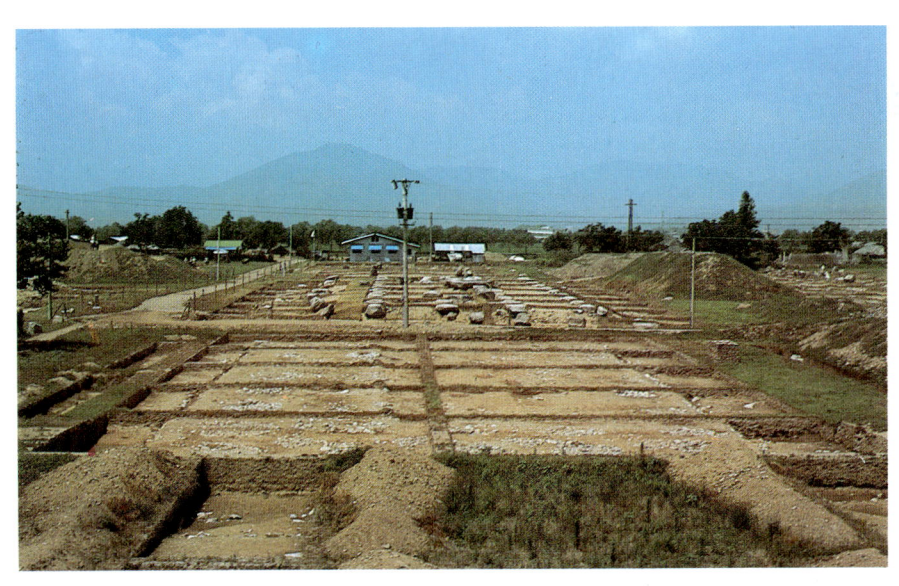

발굴조사 광경 황룡사지에 대한 발굴조사는 1976년부터 실시되고 있다. 이 조사를
통하여 가람의 배치와 변화 과정 등이 밝혀지고 규모가 확인됨으로써 동양 최대의
가람임을 알 수 있게 되었다.

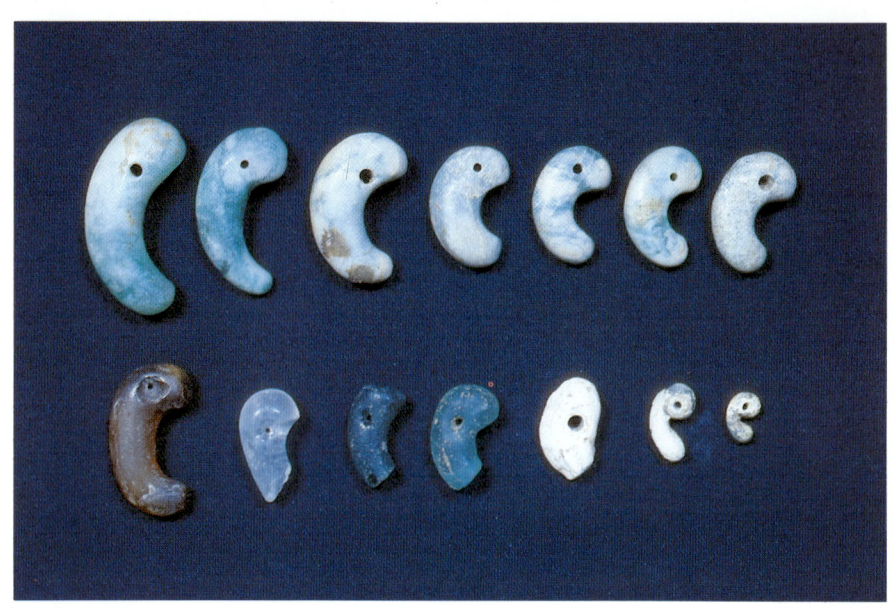

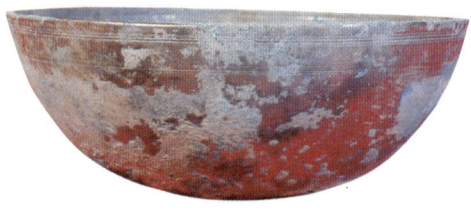

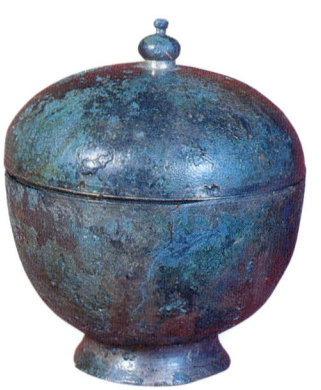

곡옥 심초석 하부와 주변에서 출토된 2,890여 점의 유리
    구슬중 수정, 유리, 마노의 곡옥도 있었다. (위)
청동완 심초석 하부에서 3개가 포개진 상태로 출토되었으
    며 주변에는 20여 개분의 청동 그릇편이 있었다. (가운데)
청동합 역시 심초석 주변에서 출토된 것으로 뚜껑 중앙에
    보주형의 꼭지가 있고 합에는 받침이 있다. (아래)

미륵사지

종교에는 대부분 미래에 대한 약속이 있고, 인간은 그 약속에 희망을 걸고 미래를 기다리는 것인지도 모른다. 불교에서는 미륵불을 중심으로 미래에 대한 약속이 제시되었다. 미륵은 세 번의 설법을 통하여 모든 중생을 고통과 슬픔이 없는 낙원(이를 용화 세계라고 한다)으로 인도한다고 한다.

이에 따라서 어려운 세상을 살아가는 사람들은 빨리 미륵이 세상에 나타나서 약속된 용화세계가 이루어지기를 간절히 바라게 된다. 그같은 마음 곧 미륵이 세상에 오기를 간절히 바라는 마음에서 지어진 것으로 생각되는 절 중에 전북 익산군 금마면 기양리에 있는 미륵사지가 있다.

호남 고속도로에서 인터체인지를 지나 이리시로 가다 보면 길의 우측에 금마면 소재지가 있다. 여기서 다시 서쪽으로 3킬로미터 남짓한 곳에 백제에서 가장 큰 절이었던 미륵사 터가 있다. 금마면 지역에는 비교적 낮은 산들이 자리하고 있어 해발 430미터에 불과한 미륵산이 가장 높은데 이 산의 남쪽 기슭에 미륵사지가 있다. 지금은 폐허로 변한 미륵사에 대해서 「삼국유사」 '무왕조'에는 믿기 어려운 이야기가 실려 있다. 앞부분에 맛동이 왕위에 오르는 과정이 있고 뒷부분에는 미륵사를 짓게 되는 과정이 기록되어 있다.

즉 금마에 있는 오금산에 홀어머니와 함께 사는 아이가 있었는데, 마를 캐어 먹고 산다고 해서 그 이름을 맛동이라고 했다. 그는 신라 진평왕의 세째 딸인 선화 공주가 예쁘다는 말을 듣고, 머리를 깎은 다음 몰래 신라의 서울에 들어갔다. 그는 아이들에게 마를 주며 '선화공주가 맛동을 남몰래 숨겨 두고 밤마다 만나러 다닌다'라는 내용의 노래를 가르쳐 주어 이를 부르게 하였다.

이 노래는 곧 널리 퍼져 진평왕도 알게 되어 마침내 공주는 궁궐에서 쫓겨나게 되었다.

왕비는 쫓겨나는 공주에게 금 1말을 주었고 맛동은 공주를 데리고 백제에 돌아왔다. 공주는 왕비가 준 금을 내놓으며 이것으로 살림 밑천을 삼자고 하였다. 이 말을 들은 맛동이 웃으면서 그와 같은 것은 자기가 마를 캐는 곳에 진흙처럼 많이 있다고 하였다. 이 말을 들은 공주가 놀라 맛동과 함께 가서 보니 과연 많이 있는지라 그 중 일부를 신라의 진평왕에게 보내기로 하였다.

맛동과 공주는 이를 보내기 위하여 용화산 사자사에 있는 지명법사에게 부탁을 하자 지명법사는 신통력으로 하룻밤 만에 산만큼의 금을 공주의 편지와 함께 신라 궁궐로 보내 주었다. 이에 신라의 진평왕은 그 신묘함에 놀라서 맛동을 매우 존경하게 되었고, 부자가 된 맛동은 인심을 얻어 백제 왕이 되었다.

왕위에 오른 맛동이 어느 날 왕비와 함께 큰 못가에 이르렀을 때, 그 못 속에서 미륵삼존불이 나타났다. 왕의 일행이 가마를 멈추고 미륵불에게 예배를 하자 왕비는 왕에게 이곳에 큰 절을 세우는 것이 소원이라고 말하매 왕이 이를 승낙하였다.

그러나 절을 지으려면 못을 메워야 했으므로 지명법사에게 물으니 지명법사가 역시 신통력으로 하룻밤 사이에 산을 허물어 못을 메워 평지를 만들어 주었다. 그리하여 이곳에 법상, 미륵 삼회전, 탑, 랑무(廊廡)를 세 곳에 세우고 미륵사라 이름했다.

또 신라의 진평왕도 여러 기술자를 보내 이를 도와 주었다고 한다. 이와 같은 「삼국유사」의 기록에 의하여 미륵사는 백제 무왕(600~640년) 때 지어진 것으로 생각되는데 무왕이 아니고 동성왕 때로 주장하는 견해도 있다.

「삼국유사」의 기록은 다음과 같은 몇 가지 점에서 신빙성이 희박해 보인다.

첫째로 금을 얻은 맛동이 인심을 얻어 왕위에 올랐다고 했는데 왕족이 아니라면 불가능한 일이다.

둘째, 하룻밤 사이에 금을 신라의 궁궐에 보냈다는 것이나 산을 허물어 못을 메웠다는 것이 너무 전설적이다.

셋째, 당시 신라와 백제는 적대 관계로 싸우고 있었는데 맛동이 진평왕의 딸과 결혼을 했다든가 진평왕이 기술자들을 보내어 미륵 사를 짓는 일을 도왔다는 것은 믿기가 어렵다. 또 못 속에서 미륵 삼존이 나타났다는 것도 이야기에서나 있을 것으로 보인다. 이외에 도 많은 의문이 있을 수 있는데 이에 접근하기 위해서는 발굴 조사 와 그간의 연구를 살펴볼 필요가 있다.

지금까지 조사된 바에 의하면 미륵사는 무왕 때를 전후한 시기에 창건된 것으로 생각된다. 발굴 조사를 맡고 있는 문화재연구소 미륵 사지 발굴 조사단이 펴 낸 약보고서와 발표 내용 그리고 그간의 여러 연구 결과를 참고하면 미륵사지의 평면 배치는 3원 1가람이 다. 즉 3개의 절이 모여서 하나의 절을 이룬 것이다.

중앙에는 중문이 있고 목탑 뒤에는 금당이 있다. 목탑과 금당 사이에는 석등이 있고 이것들을 둘러싸는 회랑이 있다. 중문 좌우편 에 있는 남회랑은 계속 동서로 연장된다. 동서로 연장된 남회랑에는 다시 중문이 있고 이 문의 북쪽에 석탑이 있으며 석탑 뒤에 금당이 있다. 이 석탑과 금당 사이에도 역시 석등이 있는데 서쪽에 있는 탑과 금당 사이의 것은 없어졌다.

이들 석탑과 금당의 중심은 목탑과 금당의 중심과 동서로 일치되 는 선상에 있으며 이들의 바깥에는 다시 회랑이 있다. 이 회랑 중 북쪽에 있는 것은 짧게 중앙쪽으로 오다가 다시 남북으로 긴 건물에 이어진다. 남북으로 긴 건물은 승방으로 생각되는데 그 이유는 이 안쪽에 2개의 방을 묶은 구역이 4개가 있고 구역 사이가 공간으로 남아 있고 또 그 방 내부에서 생활 용품이 많이 나왔기 때문이다.

한편 승방으로 생각되는 건물의 북쪽 끝부분에는 다시 중앙쪽으로 회랑이 있고 중앙에 있는 금당의 남북 중심축 선상에 중심을 두고 강당 터가 자리하고 있다. 따라서 탑과 금당을 하나의 절로 생각할 때 3개의 절이 있는 셈이 된다.

남회랑에 있는 중문의 남쪽에는 다시 3개의 문이 있어 이를 남문이라고 하며 이 남문들을 잇는 회랑이 있는데 이 회랑은 동, 서쪽 끝에서 다시 북쪽으로 꺾여져서 중문을 잇는 남회랑의 바깥쪽까지 이어지고 있다. 이와 같은 평면 배치를 보이는 절은 우리나라뿐만 아니라 다른 나라에서도 찾아볼 수가 없다.

3개의 탑 중 목탑과 동쪽의 석탑은 부서져서 그 자리만이 남아 있으며 서쪽의 것은 반 정도 부서진 채로 남아 있어 국보 11호로 지정되었다. 이 탑은 우리나라에서 가장 크고 가장 오래 된 석탑이며 중국에서 전래된 목탑 양식을 독자적인 석탑으로 만들기 시작한 가장 처음의 탑으로 알려져 있다. 그런데 이 탑이 7층이었다는 설과 9층이었다는 설이 있었는데 발굴 조사 과정에서 탑의 상륜부를 구성하는 노반이 발견되어 9층이었음이 분명해졌다.

탑 뒤에 있는 금당은 세 곳이 모두 지하에 공간이 있는 특이한 구조의 건물이다. 처음 조사를 시작할 때, 동서에 있는 금당지에는 높이가 90센티미터에 이르는 높은 주춧돌이 있었으며 그처럼 높은 주춧돌의 아래에는 넙적하고 네모난 받침돌이 놓여 있었다. 이같이 높은 주춧돌이 사용된 이유가 무엇인가 하는 의문이 있었는데 조사 결과 높이 80센티미터 내외의 지하 공간을 만들기 위한 것이었음이 밝혀졌다. 즉 높은 주초의 위쪽에 홈을 파서 나무나 돌로 만든 긴 부재를 끼우고 그 옆에 있는 주초석의 홈에 다른쪽 끝을 끼워 주초들 사이를 잇고 이것을 이용하여 마루청을 깔듯 전면을 덮었다.

바깥쪽 주초와 기단 사이에는 막돌을 쌓아서 흙이 안쪽에 만들어진 공간으로 들어오지 못하게 막았다. 또 밀폐된 지하 공간을 구성할 경우의 약점을 보완하기 위하여 네 구석에 기단 바깥으로 이어지는 환기 시설을 마련하였고 공간의 바닥 흙을 불에 구워서 단단하게 만들어 아래로부터의 습기를 막았다.

이와 같은 지하 공간의 예가 감은사지에 있는데 감은사지의 경우는 용으로 변한 문무왕이 쉬도록 만든 시설이다. 미륵사의 경우도 용으로 변한 미륵불이 이곳 금당에 오시도록 하고자, 또는 와서 계신다는 관념의 표시로 생각된다.

또 못을 메우고 절을 지었다는 「삼국유사」의 기록을 확인하기 위한 조사가 있었다. 그 결과 이곳에 못이 있었음이 확인되었으며 막새, 토기, 불상 등을 비롯하여 각종 유물 1만여 점이 출토되었다. 중문과 남문 사이에는 동탑과 서탑의 남쪽 지점에 1기씩의 당간 지주가 있다. 이것들은 통일신라시대에 만들어진 것으로 매우 크며 통일신라의 당간 지주 양식을 잘 반영하고 있어 보물 236호로 지정되었다.

지금까지 살펴본 바를 중심으로 「삼국유사」의 내용과 비교하면 산을 허물어 못을 메운 것은 사실이며 세 곳에 탑과 랑무, 미륵 삼회전을 만든 것도 분명하다. 특히 미륵 삼회전으로 추정되는 금당의 경우 미륵을 위한 지하 공간을 마련하고 있다는 점은 매우 흥미롭다. 또 건물에 사용된 돌들이 미륵산(본래의 용화산)의 돌과 같은 석질이라는 점에서 인근의 산을 허물고 그 산의 흙과 돌을 이용했을 가능성이 크다. 물론 하루에 허물었는지는 알 수 없지만 역사적 사실로 믿을 만한 상당한 근거를 전하는 것으로 해석할 수 있다.

또 맛동이 왕족이 아니면서 왕위에 올랐다고는 볼 수 없지만 무왕이 당시 백제의 서울인 부여가 아닌 금마에 미륵사와 같이 큰 절을 지은 것은 이곳과 깊은 관계가 있었기 때문인 것으로 생각된다. 또 앞서 말했듯이 전쟁중임에도 신라에서 백제의 아비지를 초청하여 황룡사 목탑을 세웠다는 사실로 미루어볼 때, 「삼국유사」의 기록이 전혀 억지의 날조만은 아니며 믿을 만한 상당한 사실을 전하는 것으로 볼 수 있다.

미륵사지는 그 절을 짓게 된 동기가 미륵삼존불의 출현에 의한 것이며 미륵이 이 세상에 와서 세 번의 설법을 하기 위한 세 군데의 장소를 마련하고 있다는 점이나 용으로 변한 미륵이 올 장소, 또는 와서 머물 장소로 금당에 지하 공간을 만들었다는 점에서 내세에 오게 될 미륵이 지금 나타나기를 바라는 간절한 소망이 표현된 곳으로 생각된다. 즉 용화 세상의 빠른 구현을 염원하는 신앙의 결집 장소였다고 하겠다.

미륵사지 석탑 미륵사에는 중앙에 목탑이 자리하고 그 동서에 각각 1기씩의 석탑이 있었다. 현재는 서쪽의 석탑만이 남아 있는데 목탑에서 석탑으로 변화한 가장 초기의 것으로 보인다.(오른쪽)

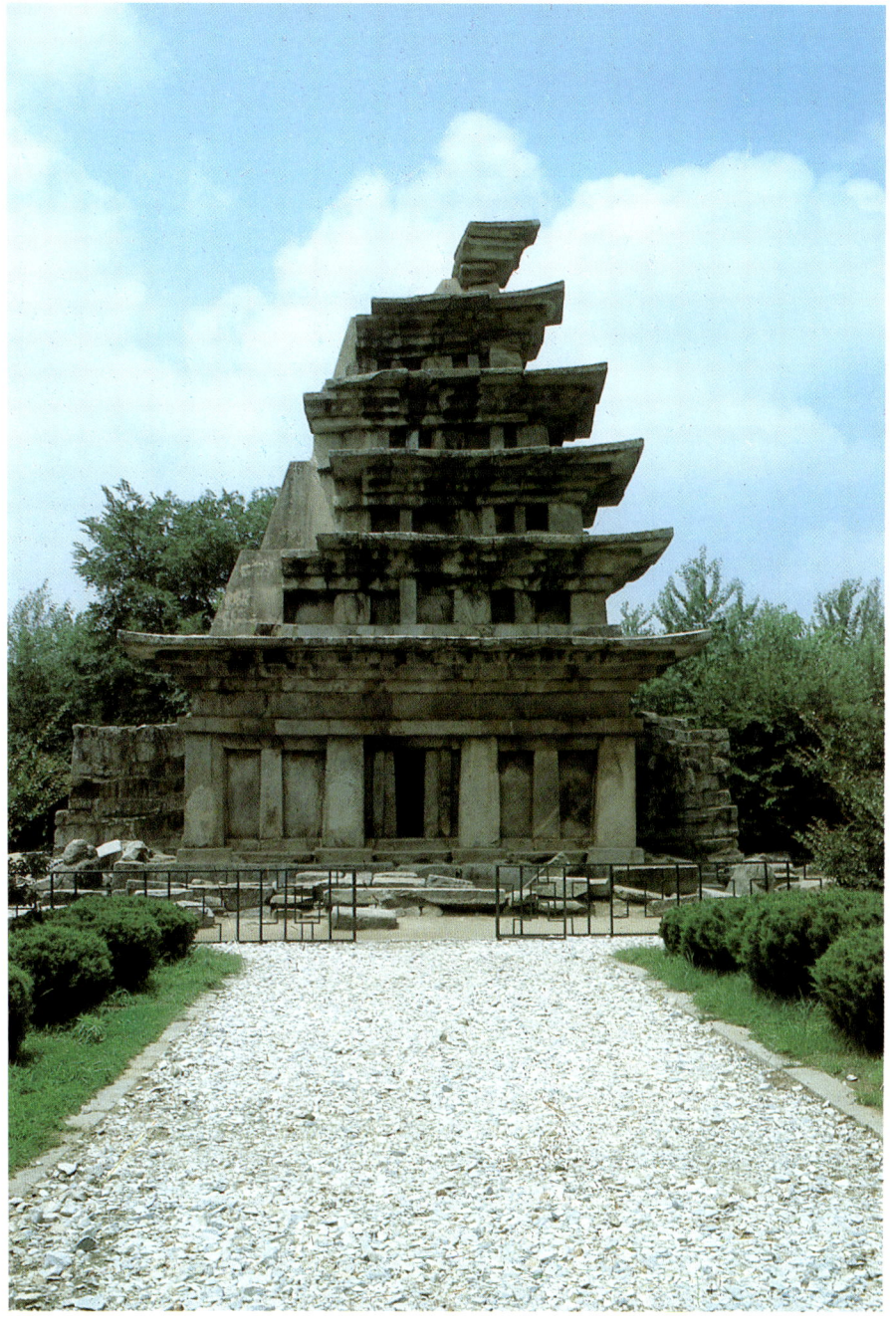

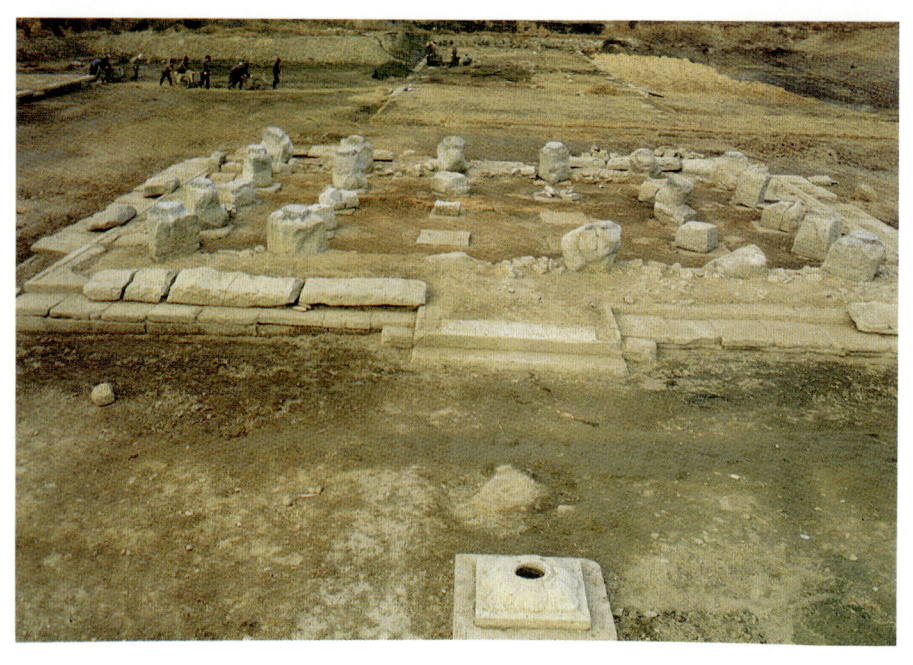

동금당지 전경 미륵사지의 지하 유구를 보여주는 동금당지의 바닥은 불로 구워져 있었고 높은 초석이 자리하고 있다. 사진에 보이는 금당지의 앞쪽에는 면석이 보이며 앞에 있는 4각의 돌은 석등대석이다.

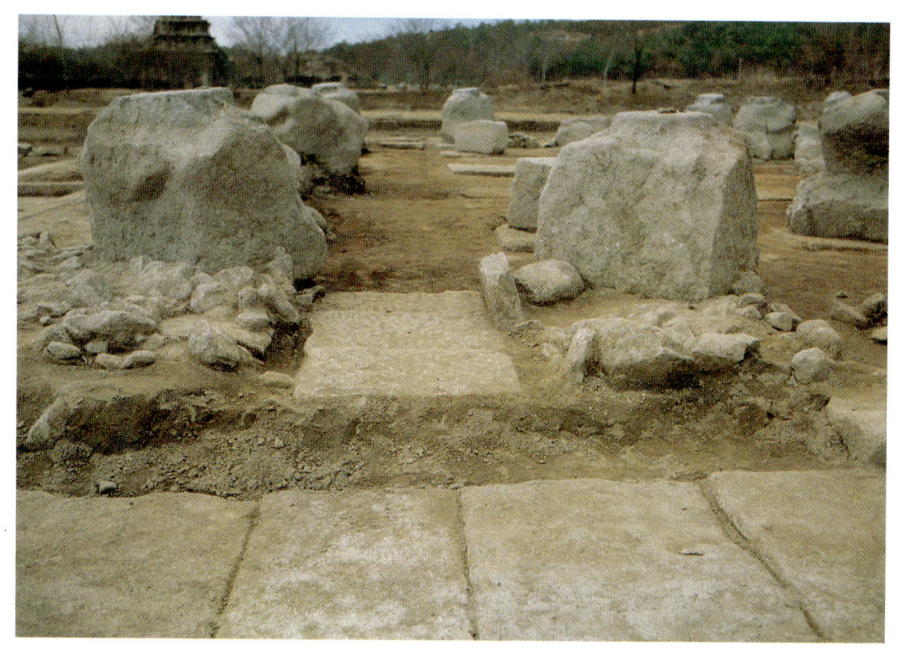

동금당지 기단 내부 금당지에는 높은 초석이 자리하고 있으며 건물의 네 모서리 부분에는 기단과의 사이에 일종의 환기시설이 마련되어 있다. 이 환기시설은 지하 공간을 유지하기 위하여 만든 것으로 생각된다.

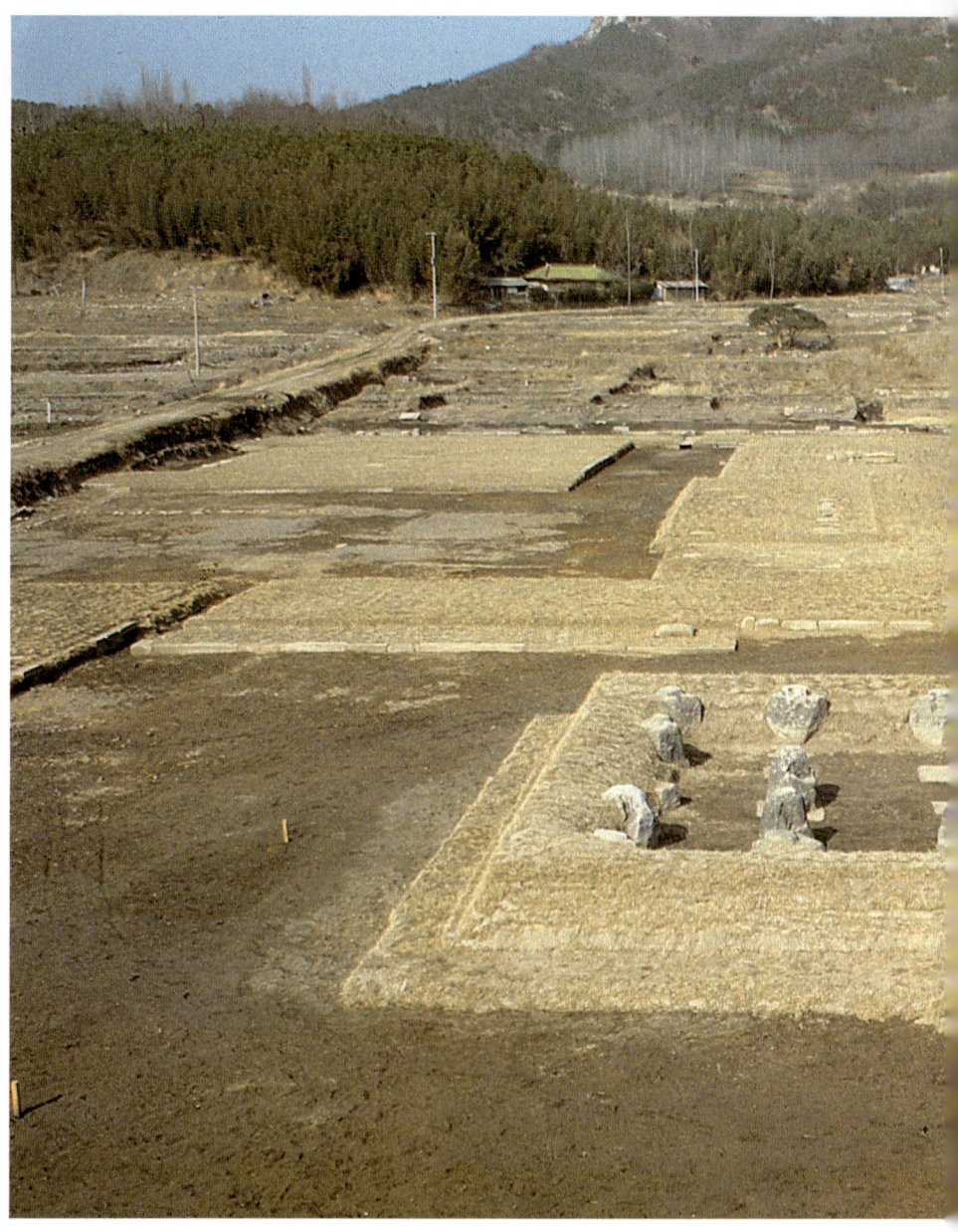

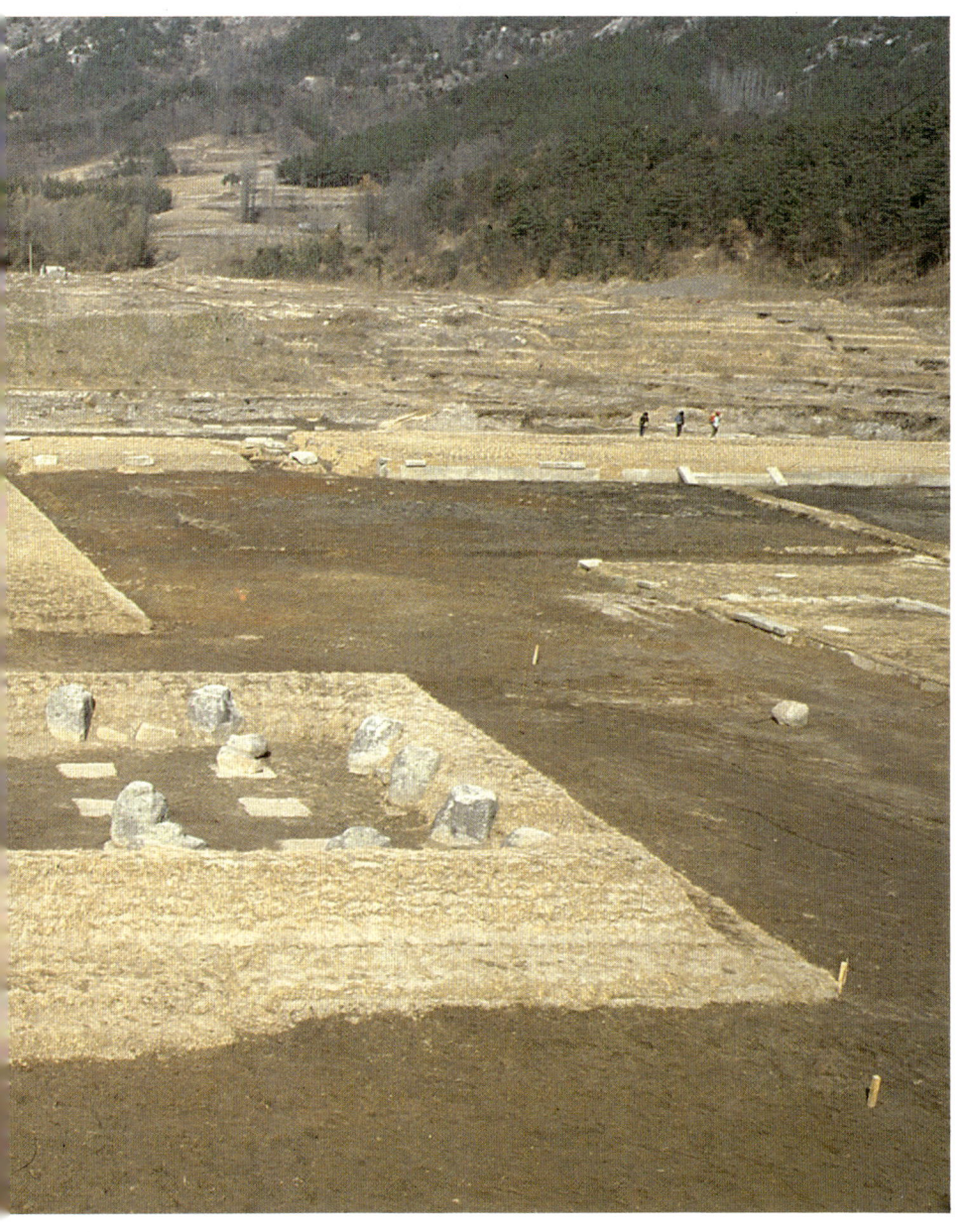

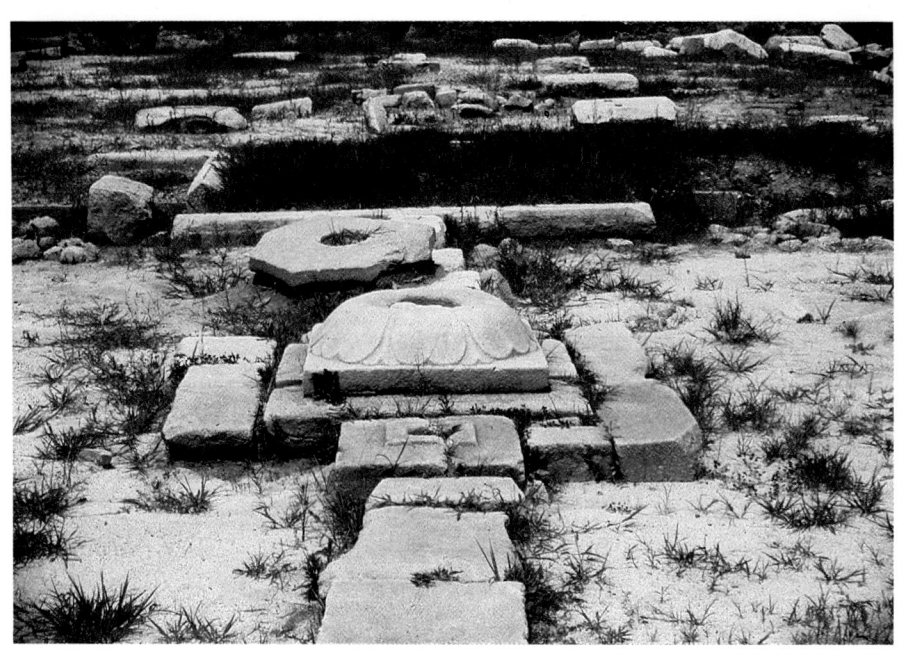

서금당지 전경 지하 유구를 만들기 위하여 높은 초석의 윗면에 홈을 파서 옆으로 이어
지는 긴 하방석을 놓고 그 위에 마루청을 깔았을 것으로 보이며 초석과 기단 사이는
마루청의 밑까지 흙으로 채웠을 것으로 생각된다.(앞)

중금당지 석등 목탑의 북변 계단지에서 석등 쪽으로 장대석을 깔았으며 탑과 금당
사이에 있는 석등의 하대석에는 백제 말기 양식의 연화문이 있다. 이 하대석의 북쪽
에는 상대석이 엎어진 상태로 노출되어 있다.(위)

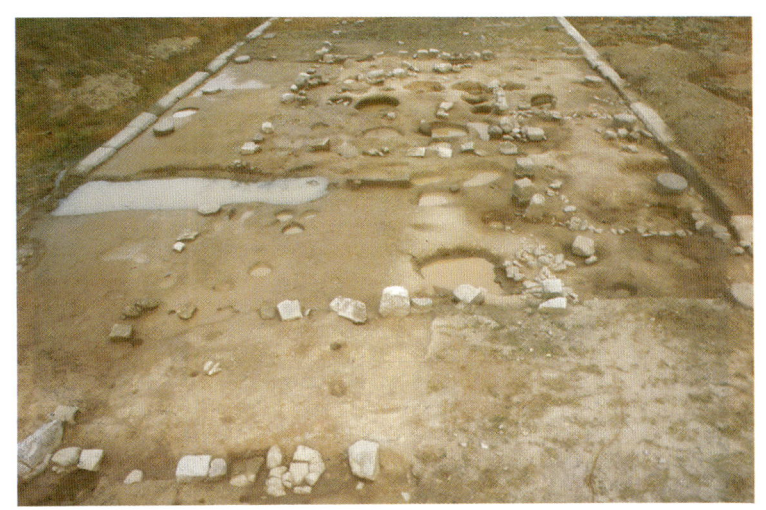

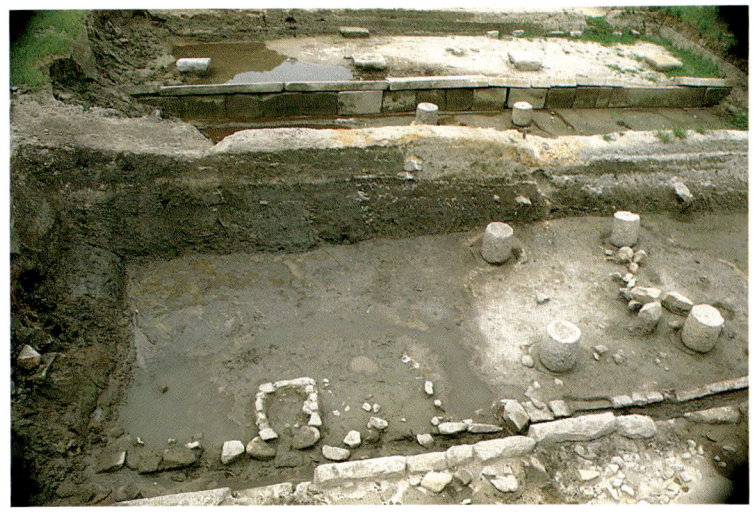

승방지 동원과 서원의 북회랑에는 북쪽으로 길게 이어지는 건물지가 있다. 건물지
　내부는 크게 4개처로 구획하였는데 각 구획마다 2개씩의 방이 있다.(위)

강당지 미륵사의 강당지와 승방지의 북면 기단이 있는 쪽에는 동서로 긴 석축이 자리
　하고 있다. 사진의 위쪽으로 강당지의 북변 기단이 보이고 둥근 형태의 돌이 6개
　2줄로 놓여 있는 것은 다리의 기초였던 것으로 생각된다.(아래)

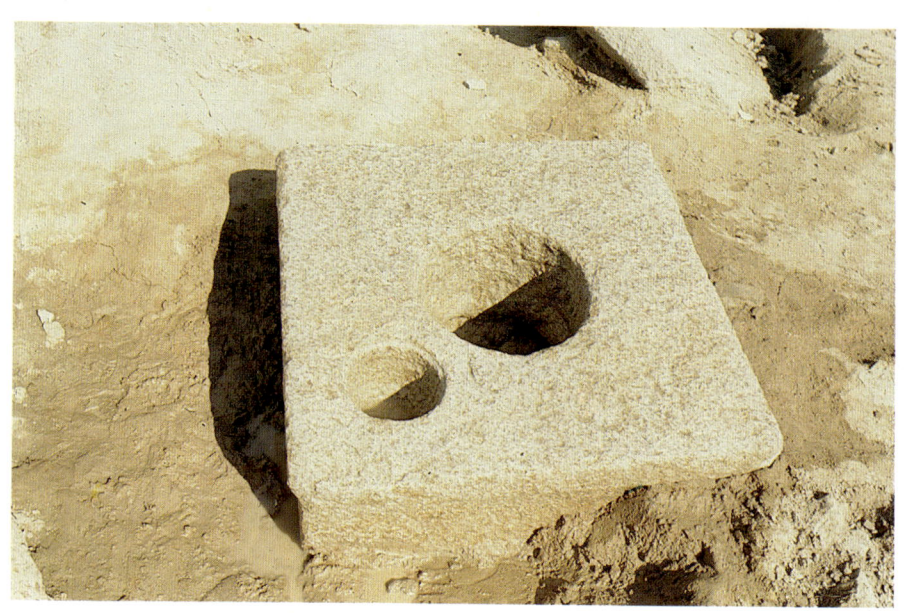

노반 동탑지 주변에서 출토된 것으로 서쪽에 남아 있는
석탑과의 비교를 통하여 본래 9층의 탑이 있었음을
알 수 있게 되었다.(위)

소조 보살상편 머리 주변에 광배를 돌린 흔적이 있는데
부드러운 모델링이 돋보인다.(가운데)

녹유 서까래 기와 일곱 개의 연꽃마다 인동자엽이 표현
되었고, 기와의 중심에는 네모진 구멍이 있어 서까래에
못으로 고정할 수 있도록 되었다.(아래)

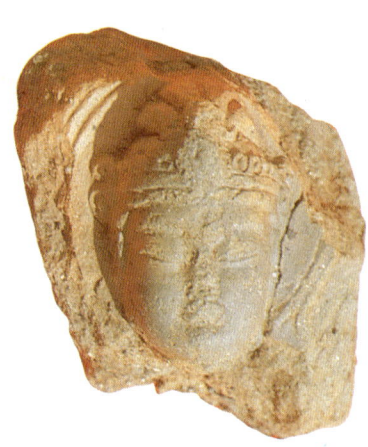

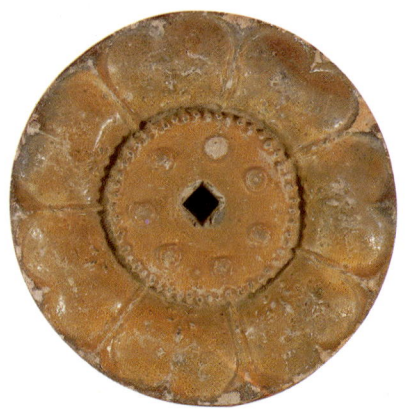

48

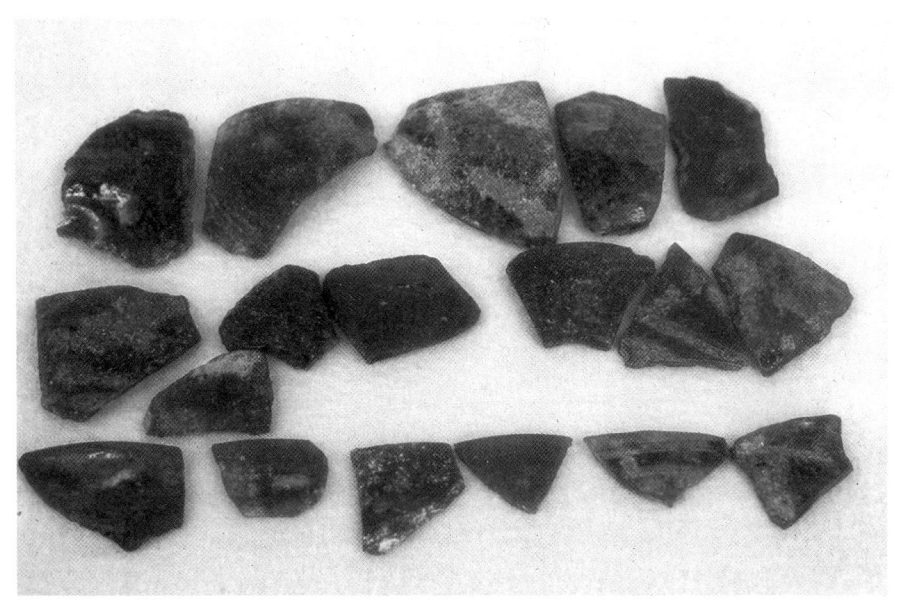

녹유편 미륵사지에서는 앞뒷면이 평평한 녹유 조각이 탑지와 금당지에서 많이 출토되
었다. 이처럼 많은 녹유와 유리조각이 출토되는 점과 녹유 서까래 기와가 많은 것으
로 보아서 절 내부에서 만들어졌을 것으로 생각된다.(위)

석제 허리띠 장식과 교구(buckle) 네모 또는 네모난 것의 한쪽면이 둥글게 된 것들에
길고 좁은 구멍이 있으며, 윗면은 윤이 나도록 갈았고 반대면에는 작은 구멍이 있어
허리띠에 부착하였다.(아래)

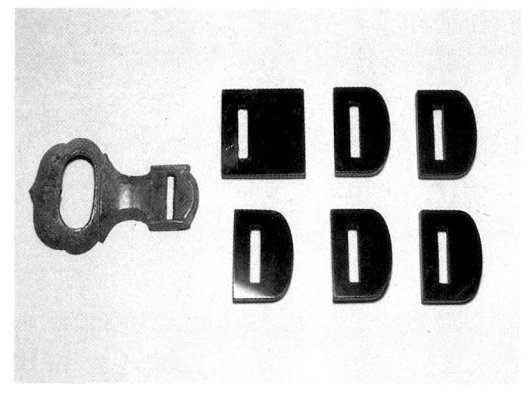

정림사지

　백제는 한강 유역에서 일어나 한때는 현재의 경기도, 충청도, 전라
도를 차지하고 신라, 고구려와 더불어 자웅을 겨루다가 신라와 당나
라의 연합군에 의하여 힘없이 무너지고 말았다. 그래서 지금도 도읍
이었던 부여에는 나라 잃은 슬픔을 담은 유적이 곳곳에 자리하고
있다. 이들 유적 중 백제의 대표적인 사찰로 꼽을 수 있는 정림사지
는 부여읍 동남리에 자리하고 있다.

　절터내에 있는 석탑에는 백제를 멸망시킨 당나라 소정방의 업적
을 기린 명문이 있어 평제탑(백제를 평정한 탑)이라 불리기도 하여
나라가 망한 설움을 더욱 느끼게 한다.

　정림사에 대해서는 일찍부터 일본인들이 주목하여 1942년부터
3, 4년에 걸쳐 발굴 조사를 한 바 있다. 이 조사에서 '정림사'라는
명문이 있는 기와편이 출토되어 그 때까지 몰랐던 절 이름을 알게
되었다. 또 이 조사를 통하여 전형적인 1탑 1금당식의 가람 배치를
하고 있는 절터의 대표적인 예로 정림사지를 꼽는 계기가 되었다.
그후 1979년과 1980년에 충남대학교 주관으로 다시 발굴 조사가
실시되어 창건 가람의 규모를 파악하고 그 변천 과정을 조사하게
되었다. 1940년대의 조사 이후 파괴가 심하여 유구의 확인이 매우
어려웠는데 그 조사 결과는 다음과 같다.

　중문, 석탑, 금당, 강당이 가람의 남북 중심축 선상에 일직선으로
자리하고 있으며 이 건물들을 둘러싸는 회랑이 있다. 그런데 정확하
게 말하면 중문, 석탑, 금당, 강당의 중심은 가람의 남북 중심축에서
약간씩 벗어난 것이었으며 회랑은 장방형에 가까우나 북쪽으로
갈수록 동회랑의 폭이 약간씩 넓어지는 형태 곧 사다리꼴을 이루고
있다. 금당의 기단은 2중 기단인데 하층 기단 위에 초석이 배치되었
던 것으로 보이며 황룡사 금당지에서와 같은 것으로 생각된다.

한편 1940년대의 조사 때, 기와를 쌓아서 만든 기단이 발견되어 정림사지의 건물 기단은 기와로 만든 것으로 생각되었다. 또 그같은 기와로 만든 기단이 부여 군수리 절터에서도 발견되어 기와로 만든 기단을 백제 건물 기단의 일반적인 양식으로 분류하였다. 그것은 일본의 경우 고대 절터에서 기와로 만든 기단이 보편적으로 사용되었기 때문에 그렇게 생각하게 된 것이다. 그런데 새로 발굴 조사한 바로는 기와로 만든 기단은 창건 건물과는 관계가 없으며 나중에 세워진 건물에 사용된 것으로 밝혀졌다.

정림사라는 이름이 기와에 있는 명문으로 밝혀졌음은 이미 말한 바 있다. 이 명문의 정확한 내용은 "大平八年戊辰定林寺大藏林當草"이며, 고려 현종 때인 1028년에 만들어진 것이다. 그러므로 백제 때에도 정림사라는 이름이었는지는 분명하지 않으며 「삼국사기」나 「삼국유사」와 같은 문헌 기록에도 정림사라는 절이 있었다는 것이 확인되지 않는다.

어쨌든 고려시대에 정림사라고 부른 이 절터에서는 적지 않은 고려 기와 등의 유물이 출토되었고, 그 절터내에 고려 때 만들어진 것으로 보이는 석불 좌상이 있다. 이 석불 좌상은 창건 가람의 강당지에 다시 35센티미터 정도의 두께로 흙을 덮은 위에 부처의 좌대가 놓여 있었으며 보물 318호로 지정되었다. 불상과 기와편 등의 유물로 보아 고려 때에 다시 가람이 들어섰을 가능성이 있으나 강당지를 제외하고는 그같은 유구가 확인되지 않았다.

석탑은 그 양식에 의하여 미륵사지 석탑의 뒤를 이어서 축조된 것으로 생각되나 발굴 조사에서는 정림사의 창건과 더불어 세워진 것으로 밝혀졌다고 한다. 석탑이 절과 동시에 세워진 것이라고 한다면 그 연대는 미륵사지 석탑보다 빠를 가능성이 크다. 왜냐하면 정림사에 대한 기록이 역사 서적에 없어 그 창건 연대가 분명하지 않으나 발굴 조사에서 출토된 유물 중에는 미륵사지에서 출토되는 것보다 연대가 오랜 것이 적지 않기 때문이다.

또 미륵사지와 정림사지의 금당은 모두 2중 기단이며 정림사지의 하층 기단에는 초석이 있으나 미륵사지의 경우에는 없다. 황룡사 금당이나 청암리 절터의 금당, 탑지처럼 초석이 있는 것이 없는 것보다 시기적으로 빠를 것으로 생각되기 때문이다. 즉 그 유물의 형식에 의하여 정림사지는 백제가 부여로 도읍을 옮긴 후 얼마 지나지 않은 시기에 만들어진 것이며 석탑도 그 때 같이 만들었다고 본다면 무왕대에 만들어진 미륵사지 석탑보다는 연대가 앞서는 석탑임에 틀림이 없다. 이에 대해서는 논쟁이 진행중이며 앞으로의 연구 결과가 주목된다.

부여로 천도한 이후 세워진 정림사는 백제의 멸망을 전후하여 폐허로 변하고 신앙의 대상인 석탑에는 나라를 멸망시킨 적장의 공적을 기리는 명문이 새겨지는 수난을 겪게 된다. 정림사가 큰 불로 폐사가 되었음은 금당지와 강당지의 흙이 불에 탄 것으로 보아 분명하며, 회랑 안쪽 구덩이에 묻혀 있던 많은 기왓조각과 무수한 불상 그리고 토용 조각으로도 알 수 있다. 또 이 절터뿐만 아니라 부여를 둘러싸고 있던 나성 안에서는 통일신라 시기의 유물이나 유적을 찾을 수 없다는 점에서 백제가 망한 이후 이 지역이 문화적인 공백 지대로 남아 있었음을 알 수 있다.

정림사지 전경 전형적인 1탑식 가람 배치 형태의 절터로 알려진 정림사지의 전경. 좌측에서부터 중문, 탑, 금당, 강당이 있고, 그것들을 둘러싸는 회랑이 정비되어 있다.(오른쪽 위)

발굴조사 광경 1980년에 본격적인 발굴조사가 실시되었는데, 유적의 보존 상태가 극히 불량하여 조사에 어려움이 많았다. 그러나 신중하고 정밀한 조사를 통하여 절터의 성격과 규모에 대한 많은 것을 밝혀낼 수가 있었다.(오른쪽 아래)

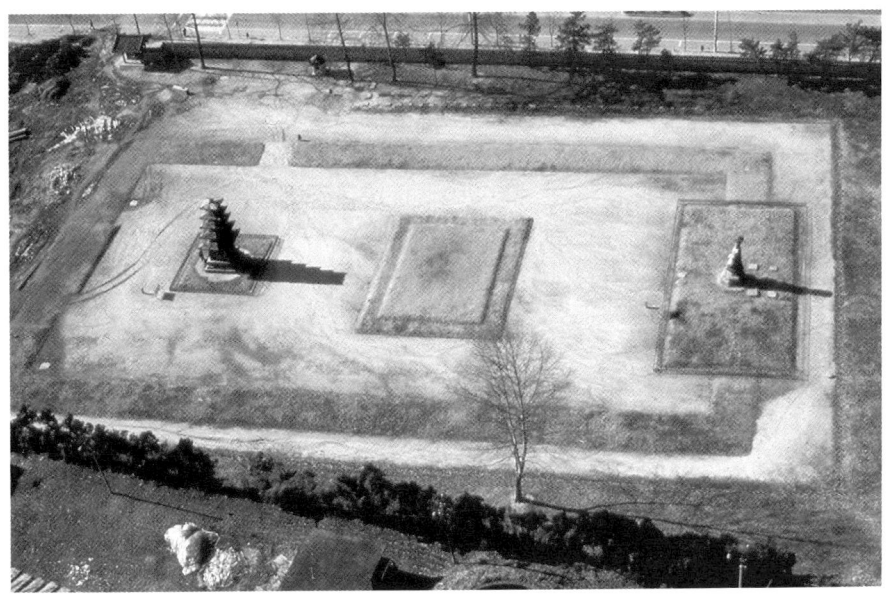

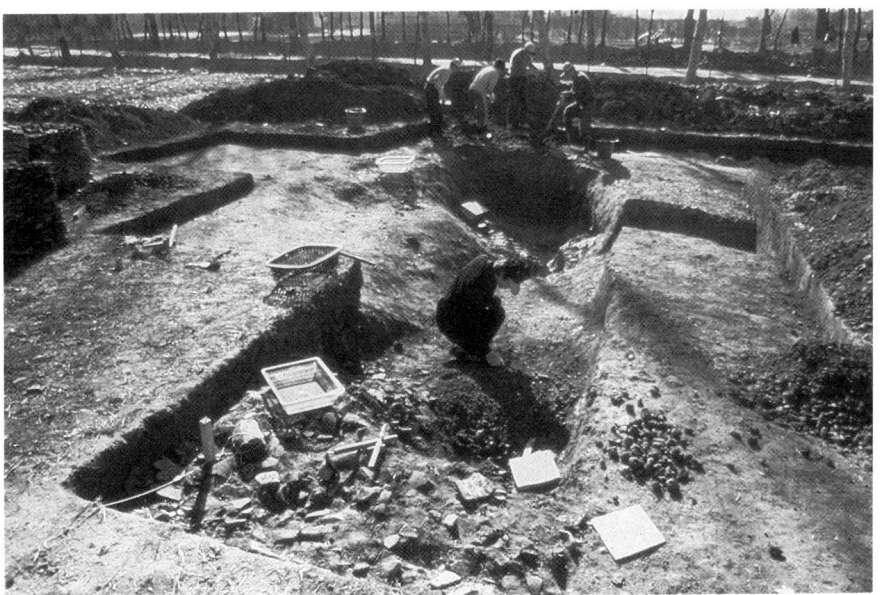

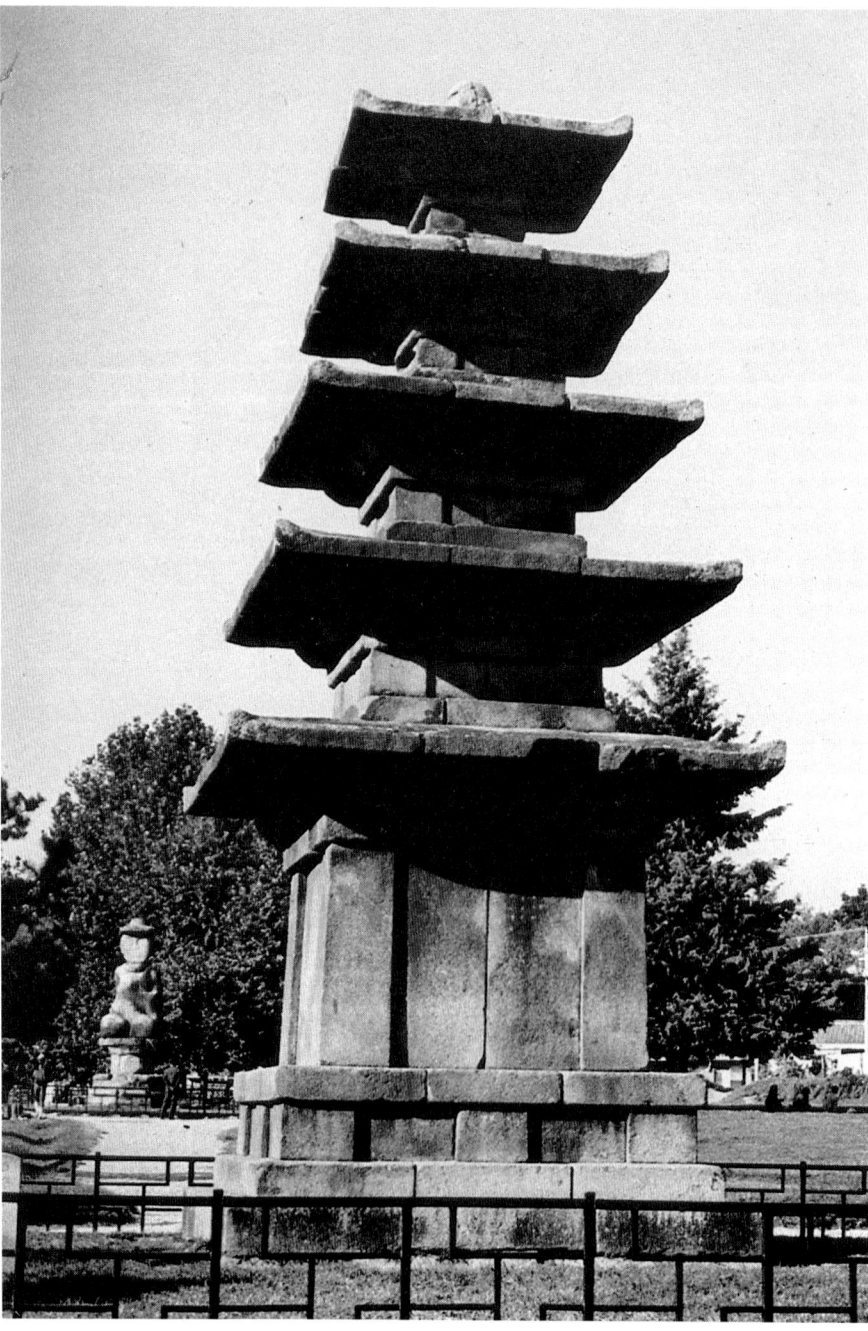

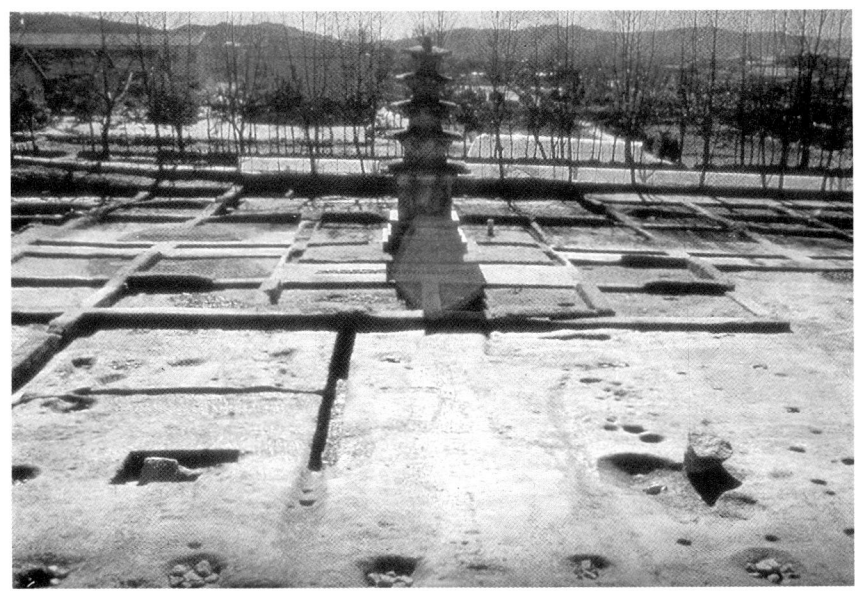

5층석탑. 한때 평제탑이라고도 불렸던 백제의 석탑으로 낮은 기단과, 얇으면서 추녀 끝이 위로 올라가고 있는 지붕돌 등 백제 양식을 잘 보여주고 있다. 정림사의 창건과 더불어 만들어진 것으로 실제 연대에 있어서 미륵사지 석탑보다도 일찍 만들어진 것이라는 설도 있다.(왼쪽)

금당지 정림사는 백제가 멸망할 당시에 상당한 파괴가 있었던 것으로 보인다. 따라서 유구의 잔존 상태가 극히 불량하였는데 금당지에서는 2중기단이었음만을 확인할 수 있었다.(오른쪽)

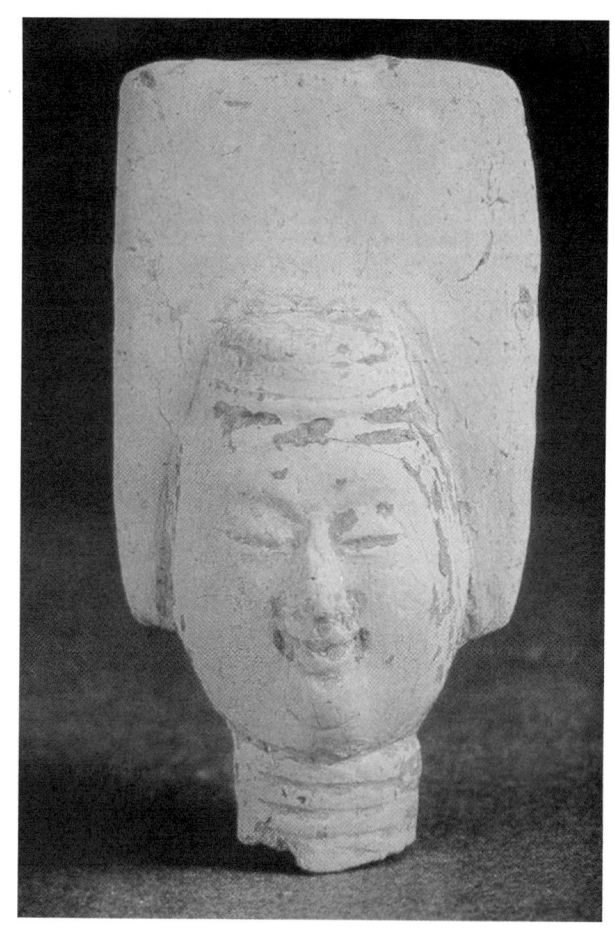

도용 흙으로 빚어 만든 인형과 같은 것으로 불상의 일종이라 생각된다. 이 도용의
표면에 각종의 색을 칠하여 장식하였는데, 온화한 백제의 미소가 남아 있다.

감은사지

바다는 넓고 푸르며 가슴을 탁 트이게 하는 매력이 있다. 그러나 때로 그 바다는 사람들에게 두려움을 주며 공포의 대상이 되기도 한다. 그 넓은 바다, 그 중에서도 물 맑은 동해 바다에 파도가 부서져 흰 거품을 흩뿌리는 바위가 있으니 일컬어 대왕암이라고 하며 사적 158호로 지정되어 있다.

경북 월성군 양북면 봉길리 앞 바다에 있는 대왕암이라는 바위에 삼국통일을 이룩한 신라 문무왕이 잠들고 있다. 당나라와 손을 잡고 백제와 고구려를 통합한 다음 당나라 세력까지를 물리친 문무왕에게 남은 문제는 바다를 건너오는 왜구였다. 대규모 군대는 아니지만 시시때때로 쳐들어와 사람과 물자를 약탈해 가는 왜구는 매우 성가시고 귀찮은 존재였다. 이에 문무왕은 부처의 힘을 빌어 왜구를 막겠다는 생각에서 동해 바닷가에 절을 세우게 되었던 것이다.

그러나 그 절의 완성을 보지 못하고 세상을 떠나게 되자, 왕은 자신을 화장하여 그 재를 동해 바다에 뿌리면 동해의 용이 되어 왜구를 막겠다고 유언을 했다. 그래서 문무왕의 뒤를 이은 아들 신문왕이 아버지의 뜻을 받들어 대왕암에 장사 지내고 짓다가 중단한 절을 682년에 완성시켰다. 그리고 죽은 뒤까지도 나라를 생각하는 문무왕의 은혜에 감사하는 뜻에서 절의 이름을 감은사라고 하였다. 또 용이 되어 동해 바다를 지키다 피곤하면 들어와서 쉴 수 있도록 그 절 금당 밑에 공간을 만들고 동해 바다와의 사이에 용혈이라는 용이 드나들 수 있는 통로를 만들었다.

소설 같은 이 얘기는 「삼국유사」에 기록되어 있으며 이를 뒷받침이라도 하듯 대왕암에서 멀지 않은 곳, 양북면 용당리에 감은사지가 있다. 감은사지의 발굴 조사는 1959년에 처음 이루어졌다. 이 발굴 조사에서는 이 절터에 탑이 2개 있고 금당이 1곳이었던 가람 배치였으며 금당에는 지하 공간이 있었다는 것이 확인되었다. 그 후 1979년과 1980년에 다시 절터를 전면적으로 조사하게 되었다.

1959년 조사에서 확인된 바와 같이 감은사는 동서로 2탑이 있는 가람 배치의 형태이며 이 2기의 석탑 사이의 중심을 지나는 남북 중심축 선상에 중문과 금당, 강당이 자리하고 있음도 확인되었다. 중문은 석탑의 남쪽에 있으며 금당과 강당은 석탑의 북쪽에 배치되어 있다. 이같은 배치는 탑이 하나 있는 절터 중 이미 살펴본 정림사의 경우와 대체로 비슷하나 탑이 두 개라는 점과 그 탑이 동서로 나뉘어 자리한다는 점이 다르다고 할 수 있다.

금당은 2중 기단이며 지하에 공간이 구성되어 있다. 지하 공간의 구성은 초석이 놓이는 곳의 아래에, 1변의 길이가 100센티미터 내외인 네모나고 평평한 돌을 놓고 그 위에 다시 비슷한 크기의 네모난 평평한 돌을 올려 놓았다. 그리고 위의 네모난 돌의 남북변 중앙 부분에 홈이 패어 있는데 그 크기는 20~25센티미터의 깊이에 동서 35~40센티미터, 남북 10~15센티미터의 길이이다. 전체적으로 네모난 긴 돌을 양쪽 홈에 끼워 연결하게 되어 있다. 이처럼 연결된 돌 위에 다시 적당히 다듬은 긴 돌을 가로질러 걸쳐 놓아 전면을 덮었다. 그리고 이 돌 위에 초석을 올려 놓고 집을 짓도록 되어 있어 가장 밑에 있는 네모난 돌과 초석 밑에 가로지른 긴 돌 사이에 공간이 생기게 되어 있다.

또 초석 사이의 거리가 긴 곳의 아래에는 홈이 있는 네모난 돌들 사이의 거리가 긴 탓으로 그 중간 부분에 보조용의 네모난 돌을 놓았다. 이 보조용 네모난 돌에는 홈이 파인 돌이 놓이지 않으며 홈에 끼는 긴 돌의 한쪽 끝을 올려 놓고 그 반대쪽 홈에 끼는 긴 부재의 끝도 받고 있다.

한편 이 공간과 기단과의 사이에는 적당히 다듬은 넙적한 돌을 세워서 흙이 안쪽으로 흘러들어오는 것을 막고 있다. 미륵사지의 경우처럼 이 감은사 지하 공간에도 환기를 위한 시설이 서남쪽과 동북쪽 구석에 있다. 이 환기 시설은 지하 공간에서부터 기단면석까지 바닥에 넙적한 돌을 깔고 그 좌우에 돌을 세워서 벽을 만들고 그 위에 다시 넙적한 돌을 덮은 지하 통로를 만들었던 것으로 보인다. 이같은 환기 시설은 미륵사의 경우와 비슷하다. 특히 동쪽 통로는 「삼국유사」에 있는 기록대로 용이 출입하는 용혈일 것으로 생각된다.

회랑은 남, 동, 서회랑이 확인되었고 금당의 좌우에서 동, 서회랑에 연결되는 중회랑(翼廊이라고 한다)도 있는데, 이같은 익랑의 예는 불국사에서도 볼 수 있다. 비교적 잘 남아 있는 서회랑에는 일반적인 초석 외에 보통 크기의 석재를 둘로 나누어 그 중앙을 각기 반원형으로 파내고 그 구멍 좌우에 기둥이 놓이는 자리를 마련한 다음 두 개의 석재를 다시 합하여 하나의 둥근 기둥 놓이는 자리가 있는 네모난 초석을 이루게 된 것이 있다. 이같은 초석은 회랑이 긴 건물이기 때문에 기둥의 중심이 땅에 꽂히도록 하고자 고안된 것으로 생각된다.

강당지의 좌우에는 회랑이 붙지 않고 건물지가 연결되어 있는데 고려 중기를 전후한 시기에는 건물지가 아닌 회랑이 마련되어 동, 서회랑과 연결되도록 했었음이 밝혀졌다.

강당지는 매우 잘 남아 있었는데 초석 중에는 불에 튀겨 떨어진 것과 그렇지 않은 것이 있었다. 이 중 불에 튀긴 것이 창건시의 초석인데 창건 건물이 불에 타고 난 다음 보수했음을 알 수 있다. 이같은 화재의 흔적은 기단 바깥의 유물에서도 볼 수가 있었는데 불에 탄 흙, 숯덩어리 등과 더불어 통일신라 때의 막새도 출토되었다.

서회랑지의 서쪽 면에는 고려시대에 세운 것으로 보이는 건물지가 있다. 이 건물지는 서회랑지와의 사이에 남북으로 1칸, 동서로 2칸의 연결부가 마련되어 있으며 건물지 내부에는 바닥에서 1미터

쯤 파 내려간 지점에 종을 만든 것으로 보이는 유구가 있다.

이 유구는 직경 3미터의 원형 구덩이를 파고 그 구덩이의 중앙에는 길이 25~30센티미터, 폭 10센티미터 크기의 와기들을 쌓아서 만든 반구형(半球刑)의 구조물이 있다. 이 구조물은 아래의 직경이 120센티미터이고 남아 있는 높이는 20센티미터 정도이다. 이 유구가 있는 건물지는 승방과 작업장을 겸한 건물이었을 것으로 생각되며 고려 초기를 전후한 때의 건물지로 생각하고 있다.

중문의 남쪽은 매우 낮다. 그래서 탑에서 39.5미터 남쪽 지점, 가람의 남북 중심축 선상에 석축이 있다. 이 석축은 가람의 남쪽을 막는 것으로 동서로 길게 뻗어 있는데 동쪽은 동회랑의 바깥에 마련된 석축과 이어지며 서쪽은 파괴되어 분명하지 않았다.

남쪽에 있는 석축은 가람의 남북 중심축 선에서 동쪽과 서쪽으로 각각 9.6미터의 지점까지는 다시 남쪽으로 7미터가 돌출되어 있다. 이 돌출된 석축은 중문 쪽에 면한 북쪽을 제외한 3면을 잘 손질한 가공석으로 만들었는데 두께 30센티미터 내외의 넙적한 돌을 눕혀서 쌓았다. 이 눕혀 쌓은 돌들 사이사이에 못 모양의 긴 돌이 끼어 있다. 이 돌은 길이가 150센티미터, 100센티미터의 2종류가 있으며 한쪽 끝에 못의 머리 부분이 있고 그 안쪽은 약간 가늘게 되어 있어 못의 머리 부분 안쪽의 가는 부분에 눕혀 쌓은 돌의 앞쪽 끝이 끼이도록 하여 석축에 사용된 돌이 밖으로 빠져 나가는 것을 막고 있다.

이 돌출된 석축이 어떤 성격의 것인지는 분명하지 않으나 대단히 정교하게 쌓았으며, 특히 못 모양의 부재를 이용하고 있는 점에서 볼 때 단순히 가람의 남쪽 끝을 막는 기능만을 한 것으로는 보이지 않는다.

그런데 이 석축의 바깥으로는 대종천이라는 개천이 있어 동해 바다로 흘러들고 있다. 따라서 통일신라 당시 이곳까지 바닷물이

들어오거나 대종천의 물이 지금보다 많았다면 배를 타고 이 절에 이르는 통로의 구실을 했을 가능성이 있으나 분명한 것은 아니다.

발굴 조사 때 4,000여 점의 각종 유물이 출토되었는데 그 중에 청동 반자가 있다. 이 청동 반자에는 이두문으로 쓴 명문이 있다. 이 명문에 의하면 고려 공민왕이 즉위한 1351년에 만들어진 것으로 당시까지 감은사가 존속되었음을 분명히 알려 준다. 또 이 명문에는 감은사의 반자와 소종, 금구를 왜구가 약탈해 갔기 때문에 다시 만들었다고 적혀 있다. 즉 이 반자가 만들어질 당시 왜구가 감은사에 들어와서 물건을 약탈해 간 사실을 밝히고 있다. 왜구의 약탈을 막고자 세워진 감은사에 왜구가 들어와 약탈을 했다는 것은 역사의 아이러니가 아닐까.

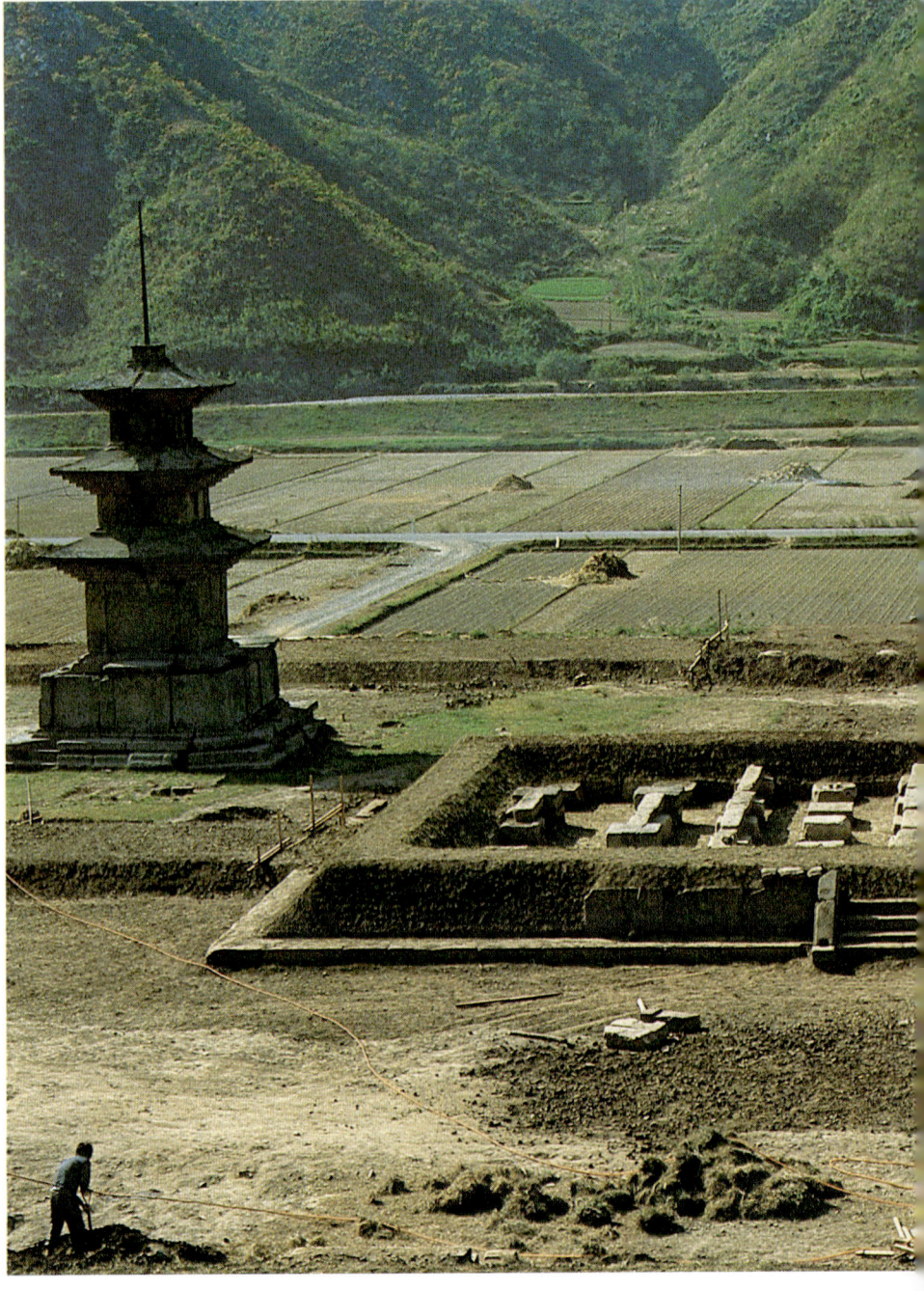

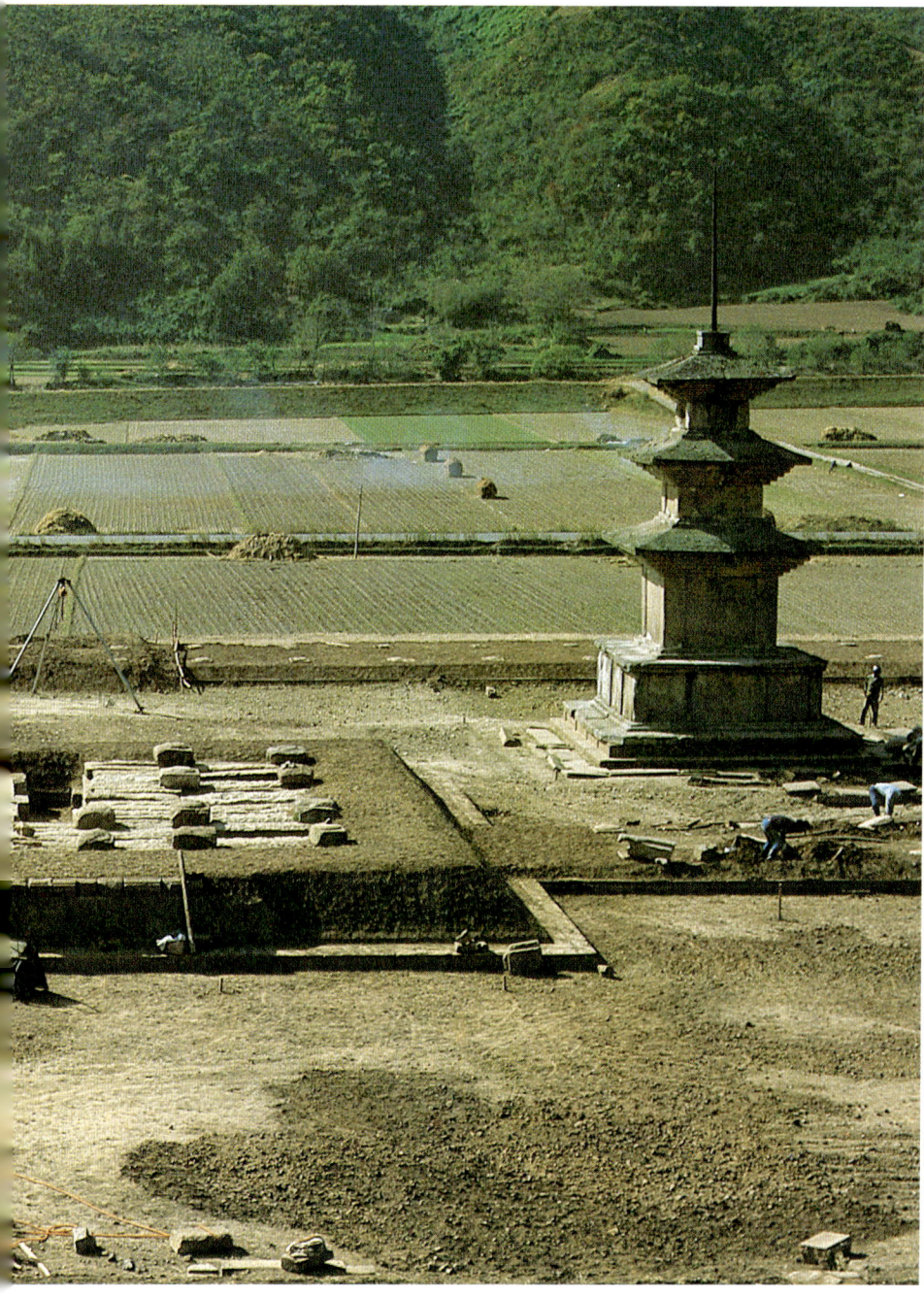

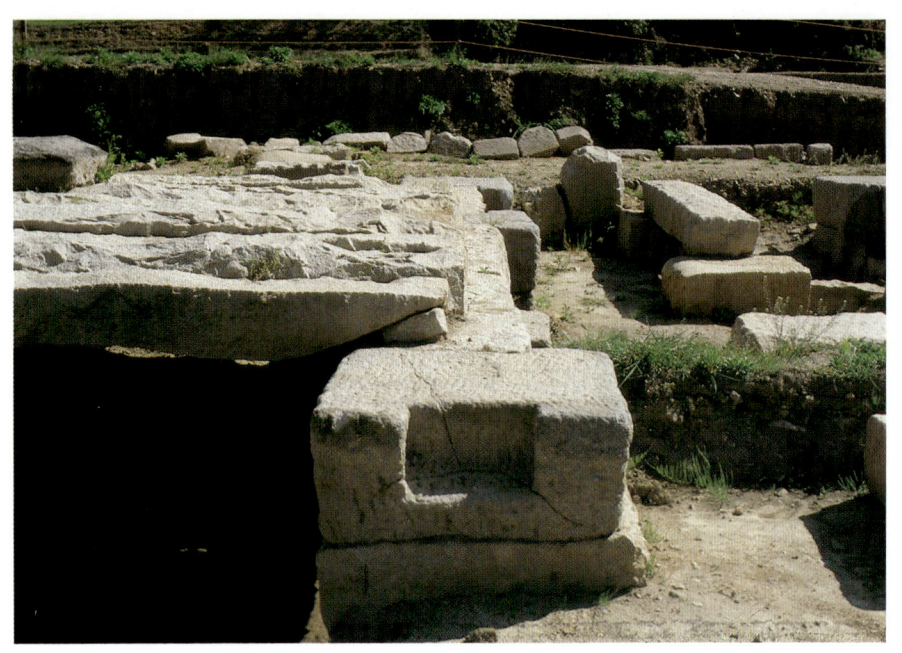

감은사지 전경 절터에 대한 것으로는 1959년에 처음으로 발굴조사가 실시되었다. 그후 1979년에 다시 조사되었는데 사진은 이 때 발굴조사를 마치고 절터의 정화 작업을 한 금당 중심 지역의 모습이다.(앞)

금당지 지하 유구 감은사는 나라를 지키겠다는 문무왕의 의지가 담겨 있는 곳이다. 용으로 변한 문무왕이 쉴 수 있도록, 홈이 있는 주춧돌에 긴 돌을 끼우고 다시 돌을 가로질러 덮어 완성한 지하 유구를 설비하였다.(위)

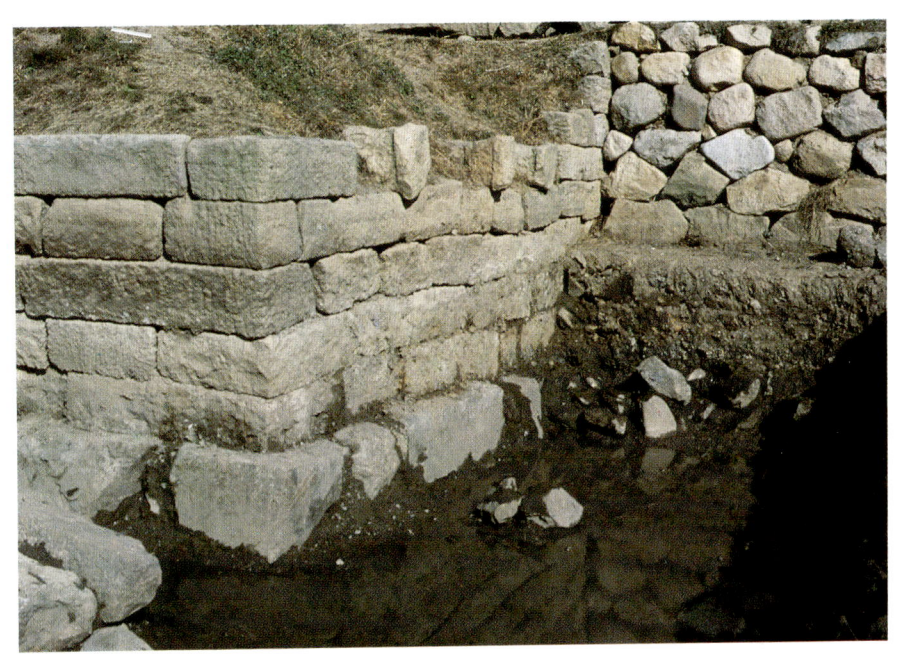

석축 감은사지 남쪽에 있는 이 석축은 부두의 배를 대는 시설과 비슷하게 보인다.
따라서 동해로부터 배를 타고 이 절에 드나들 수 있게 마련한 것으로 생각된다.

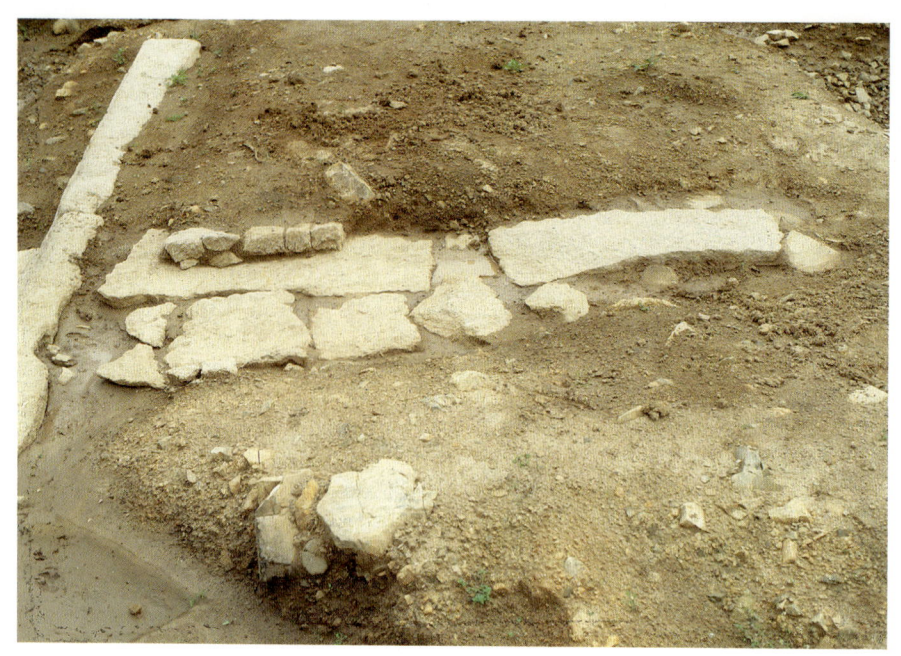

용혈(龍穴) 금당 밑의 지하 유구에 용이 드나드는 통로가 있었다고 전하고 있는데, 이 통로를 용혈이라고 한다. 사진은 용혈로 추정하는 것으로 미륵사의 금당에서와 같이 지하 유구를 지탱하는 환기시설의 기능을 하면서 동시에 용의 통로를 상징한 것으로 생각되고 있다.(왼쪽)

주종유구(鑄鐘遺構) 감은사지의 서편 건물지에서 노출된 유구로, 종을 만들던 곳으로 추정된다. 땅을 파고 그 중심에 둥글게 얇은 와전을 쌓고 흙을 발랐으며 매우 높은 온도로 구워진 흔적이 있다.(오른쪽 위)

강당지 기단 외부 와편 노출 상태 강당지 기단 외부에 기와편이 노출되어 있는 상태로 지붕에 놓였던 기와가 그대로 떨어져내린 것으로 보인다. 이같은 유구를 통하여 당시 기와를 놓는 방법과 주춧돌에서 처마가 얼마나 앞으로 나왔는가 등을 알 수 있다. (오른쪽 아래)

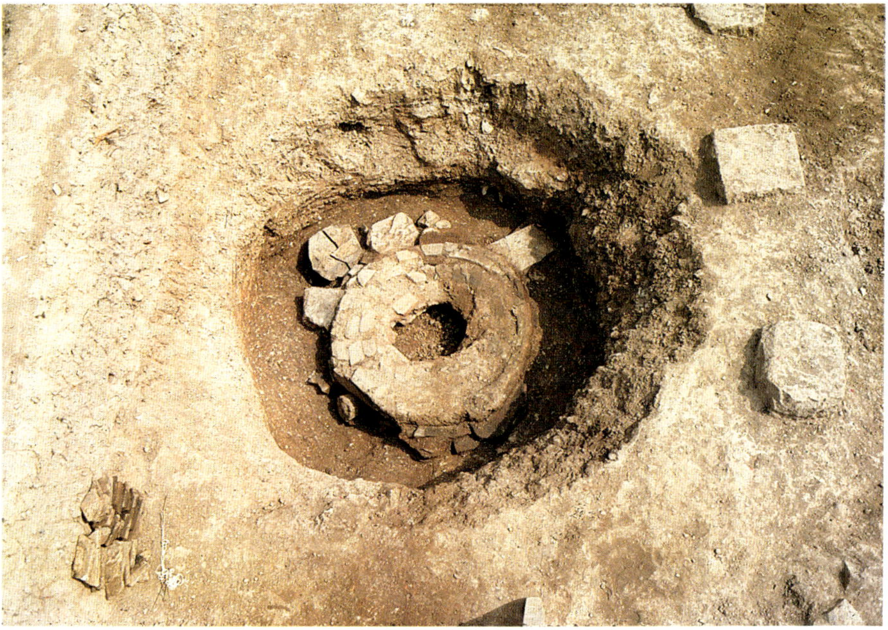

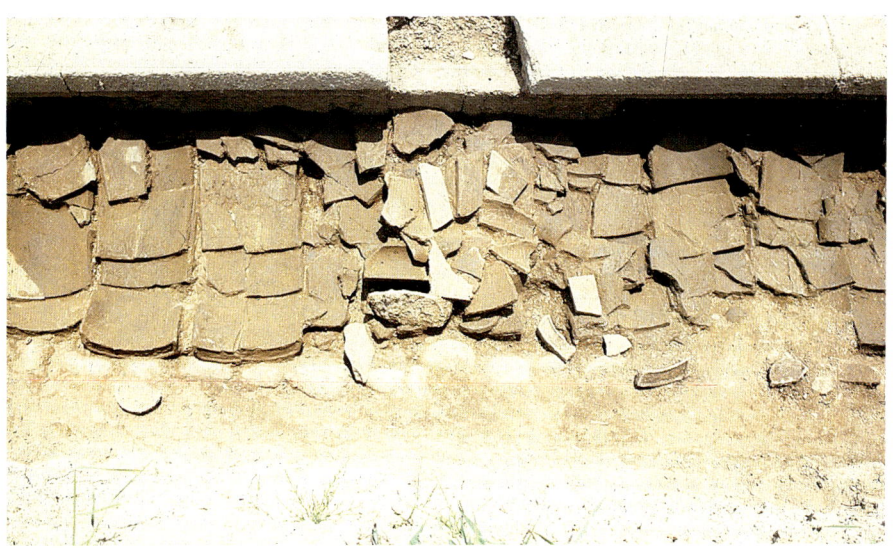

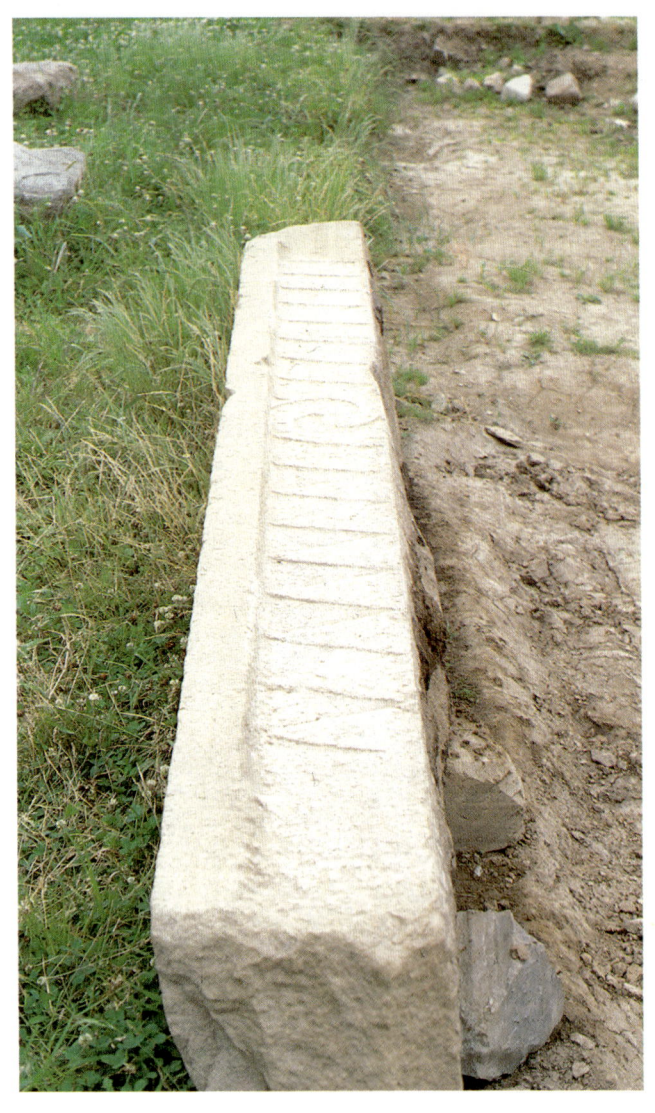

석재 절터를 발굴하다보면 용도를 알 수 없는 유물이 출토되는 경우가 적지 않다. 길이가 긴 이 석재는 톱날무늬가 있는 중앙 부분에 태극무늬가 새겨져 있어 흥미롭다.

만복사지

춘향전의 무대로 널리 알려진 남원은 통일신라 때 5소경의 하나
인 남원경이 있었던 곳이다. 지리산을 끼고 있어 많은 관광객이
찾아들고 있으나 남원이 춘향전 말고 또 다른 소설의 무대였다는
것은 별로 알려져 있지 않다.

광한루에서 순창으로 가는 길을 따라 가다 오른편에 제법 규모가
큰 절터가 있다. 이 절터가 만복사지이다. 전북대학교 주관으로
1979년부터 1985년까지 7년간에 걸친 발굴 조사가 실시되었고 사역의
정화 작업이 진행되고 있다. 만복사는 「동국여지승람」에 고려 문종
때 창건되었다는 기록이 있어 고려 초기에 지어진 것으로 생각되고
있다. 그리고 생육신의 한 사람인 김시습이 지은 한문 소설 「금오신
화」 중의 만복사 저포기에 다음과 같은 내용의 이야기가 있다.

남원에 살고 있던 양생이라는 사람이 만복사의 동쪽 방에 살고
있었는데 이 때는 절이 이미 기울어 있었다. 양생은 불당의 부처님
에게 배필을 구해 달라고 빌었으며 부처님과 저포놀이로 내기를
하게 되었다. 이 내기에서 이긴 양생은 부처님에게 약속을 지키시라
고 요구하였다. 그리하여 밤에 예쁜 처녀를 만나서 즐기게 되었다.
처녀와 그의 여종들과 즐겁게 지낸 양생은 이 처녀가 난리중에 원통
하게 죽었다는 것을 알고 처녀의 부모를 만나서 전후 사정을 애기하
고 자신은 처녀의 명복을 빌면서 여생을 마쳤다고 한다.

이 얘기는 완전히 꾸며진 것일 수도 있으나 군이 만복사라는 이름
을 빌었다는 점에서 그 당시의 만복사와 전혀 무관한 것이었다고는
생각되지 않는다. 즉 김시습이 활약한 조선조 초기에서 멀지 않은
때 만복사의 형편이 기울었을 가능성이 있다고 생각되는 것이다.

그런데 김시습과 거의 같은 시기의 인물인 강희맹의 시가 「동국
여지승람」에 실려 있는데 그 시에는 만복사가 매우 큰 규모이며

형편이 웅장한 것으로 묘사되어 있다. 따라서 김시습의 소설이 전혀 꾸며 낸 것이거나, 만복사가 일시 형편이 궁색했다가 다시 크게 힘을 펴게 되었을 것이라는 추정을 할 수가 있다. 이 두 가지 가능성 중 어느 것이 사실에 가까운지는 발굴 조사에 의하여 밝혀질 수 있는 성격의 것이다.

발굴 조사에서는 만복사가 크게 2차에 걸쳐 평면 배치에 변화가 있었던 것으로 밝혀졌다. 초창(初創) 가람은 출토 유물이나 「동국여지승람」의 기록으로 보아 고려 문종 때에 이루어진 것으로 볼 수 있으며 이 때의 가람 배치는 동탑서전(東塔西殿) 양식이라고 할 수 있다. 즉 가람의 남북 중심선상에 중문이 있고 중문보다 북쪽의 동편에는 목탑이, 서편에는 금당이 있는 형태의 가람으로 추정된다. 이같은 가람 배치는 매우 특이한 것이며 일본의 법기사에서 볼 수 있는 가람 배치 양상이다. 이 때 서쪽에 있는 금당은 남북으로 긴 건물이었을 것이며 탑과 금당은 그 중심이 동서로 일직선상에 놓여 있었을 것으로 추정된다.

또 「동국여지승람」에는 동쪽에 5층 전이 있고 서쪽에 2층 전이 있으며 서쪽에 있는 2층 전에는 35자 높이의 구리로 만든 부처가 모셔져 있었다는 기록이 있다. 이 기록에 의하여 목탑이 5층이었고 금당은 2층 건물이었음을 알 수가 있다.

금당에 있었다는 부처는 정유재란 때 일본군에 의하여 파괴되었다고 하며 지금은 부처를 모셨던 대좌만이 남아 있는데 보물 31호로 지정되었다. 이 대좌는 한 덩어리의 큰 돌로 만들어졌다. 높이 1.4미터, 1변의 길이가 1.2미터나 되는 육각의 대좌로서 35자의 큰 부처를 받치기에 충분한 크기이다.

이같은 초창 가람과는 별도의 부차적인 가람이라고 볼 수 있는 건물 터가 보물 30호로 지정된 만복사지 5층 석탑 주변에 있다. 5층 석탑 주변에는 시기가 5층 석탑보다 빠른 것으로 보이는 석탑에 사용했던 석재들이 있다. 또 석탑이 있었던 자리 북쪽에는 보물 43호로 지정된 석불이 있고 이 석불 주변에 건물 터가 있다.

이 건물 터는 동서로 4칸, 남북으로 5칸의 남북이 긴 건물이며 그 가운데 칸에 서쪽을 바라보고 있는 불상이 있다. 불상은 8각 대좌 위에 모셔져 있고 손과 발을 각각 따로 만들어 팔과 다리에 끼우도록 되어 있는데 지금은 손과 발이 없어졌다. 불상과 함께 조각되어 있는 광배의 뒷면에는 역시 서 있는 자세의 불상이 음각한 선으로 새겨 있는데 손에 약병을 들고 있어 약사여래로 생각된다.

어쨌든 고려 초기의 것으로 보이는 이 불상을 모신 건물과 5층 석탑 주변을 조사한 결과, 석탑이 있었던 자리를 중심으로 작은 가람 구역이 형성되어 있었던 것을 알 수 있다. 즉 목탑과 그 서쪽에 있는 구리로 만든 부처를 모신 금당과는 별도로 석탑과 석불이 있는 건물을 중심으로 다시 하나의 구역이 있었다고 밝혀졌다. 이를 주된 가람에 덧붙여진 가람이라는 뜻에서 부차 가람 또는 부가람이라고 부른다.

위와 같이 창건 가람은 남아 있는 상태가 매우 좋지 않아서 흔적 만이 확인될 뿐이었다. 그래서 현재의 정화 작업은 2차 가람을 중심 으로 이루어지고 있다. 2차 가람은 1탑 3금당식의 특이한 배치를 하고 있다. 즉 중문 뒤에 창건 가람의 목탑이 있고 이 목탑을 중심으 로 동, 서, 북쪽에 강당이 있는 형태의 가람 배치이다. 동, 서금당은 탑을 중심으로 거의 대칭되는 곳에 자리하고 있는 동서로 긴 건물이 다. 북금당도 역시 동서로 긴 건물이다. 이들 금당에는 각각 불상을 모신 불대좌가 있었음이 확인되었으며 서금당이 제일 규모가 크 다. 북금당도 서금당과 거의 비슷한 크기를 보인다.

이와 같은 배치는 다음에 좀더 자세히 알아보겠지만 대체로 고구 려의 가람 배치 양상과 공통되는 것이다. 따라서 이곳 남원 지방에 서 고구려식의 가람 배치 양상이 출현한 것은 매우 흥미 있는 일이라 하겠다. 이 가람 배치가 창건 시기의 것이 아니라면 그 건립 시기가 언제인가 하는 문제가 남는데 북금당에서 확실한 근거를 잡을 수가 있었다.

북금당의 기단석 안쪽에는 기와를 쌓아서 만든 열이 있었는데 이 기와 열에 막새도 섞여 있었다. 이 기와나 막새들은 만복사지에서 출토되는 것 중 비교적 빠른 시기의 것이 많았다. 그 중에 '천순 7년' '천순 6년'이라는 한문이 있는 막새가 있었다. 따라서 이런 막새로 기단 안쪽에 열을 만들었으니 막새를 만든 시기보다 늦을 수밖에 없다. 그러므로 북금당은 천순 7년인 세조 9년(1463)보다 늦게 만들어졌다고 생각된다.

그런데 이미 살펴본 바와 같이 「여지승람」에 실린 강희맹의 시에는 만복사의 위세가 대단한 것으로 기록되어 있는데 그 시가 전혀 꾸민 것으로는 보이지 않으므로 만복사가 세조 9년 이후 강희맹이 활약하던 시기에 크게 다시 지어졌다고 생각된다.

강희맹은 1483년에 세상을 떠났으므로 만복사 북금당은 1463년에서 1483년 사이에 지어진 것으로 보아야 될 것이다. 따라서 2차 가람의 다른 건물들도 북금당을 지은 시기를 전후해서 들어선 것으로 볼 수 있을 것이다.

2차 가람 이전의 상황에 대해서는 전혀 알 수가 없으나 김시습의 '만복사 저포기'가 전혀 꾸며 낸 소설만이 아니고 얼마간의 사실을 전하는 것이라고 한다면 그 당시 절이 매우 궁색한 형편에 있었음을 알 수 있다. 또 개인적으로는 불교를 신앙했다고는 하지만 정책적으로는 불교를 억압할 수밖에 없었던 조선 세조 때, 만복사를 크게 중건하는 데 국가의 지원이 있었다고 생각되지는 않는다. 오히려 '만복사 저포기'에서 양생이 죽은 처녀의 명복을 빌기 위하여 그 가까운 개인들의 발원에 의하여 중건된 것으로 생각하고 싶다. 사실은 아닐지라도 부처가 맺어 준 양생의 애틋한 사랑을 위해서라도.

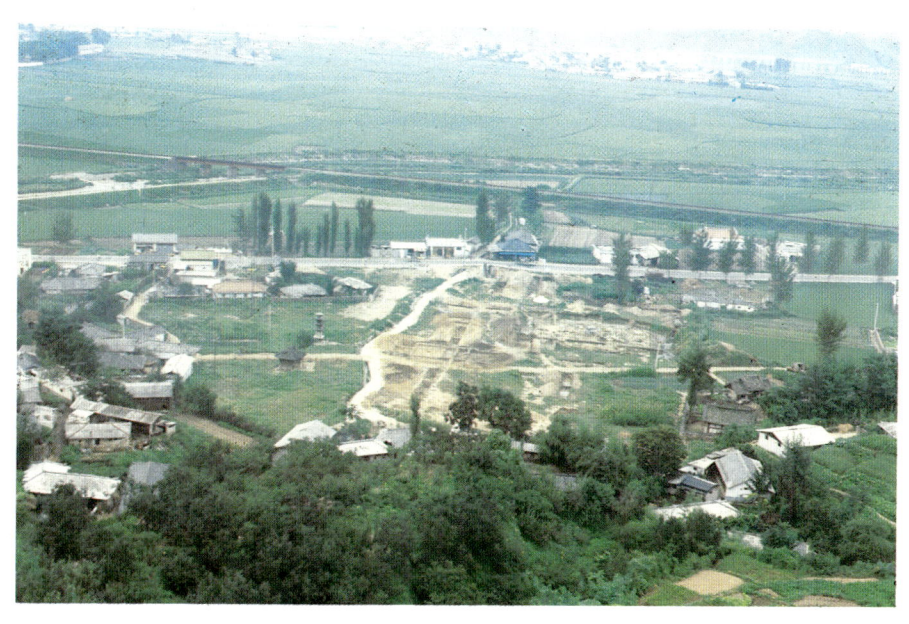

만복사지 전경　남원시에 자리한 만복사지에 대한 발굴조사는 1979년부터 1985년까지 실시되었다. 사진은 북쪽 기린산에서 바라본 절터 전체의 모습이다.

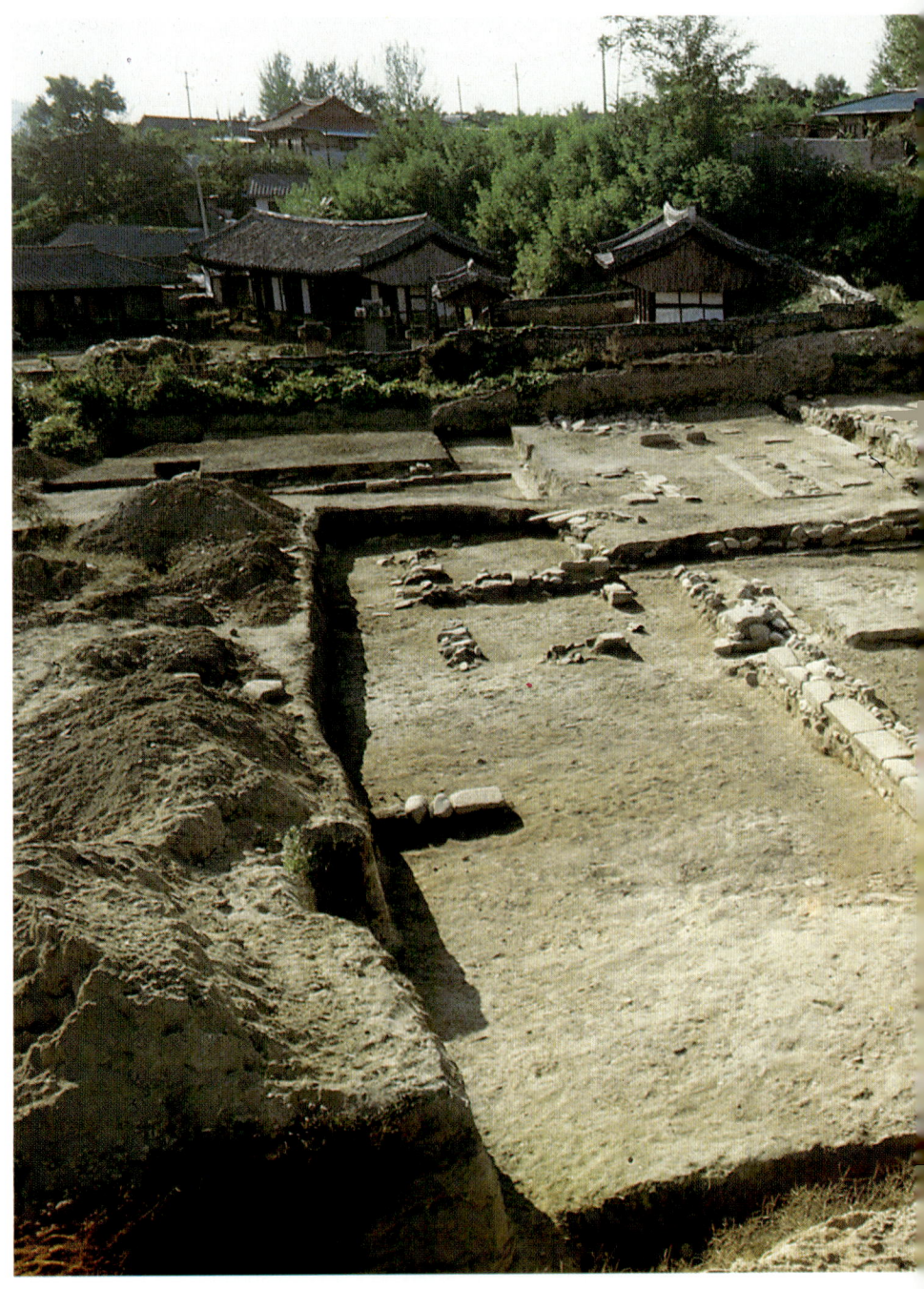

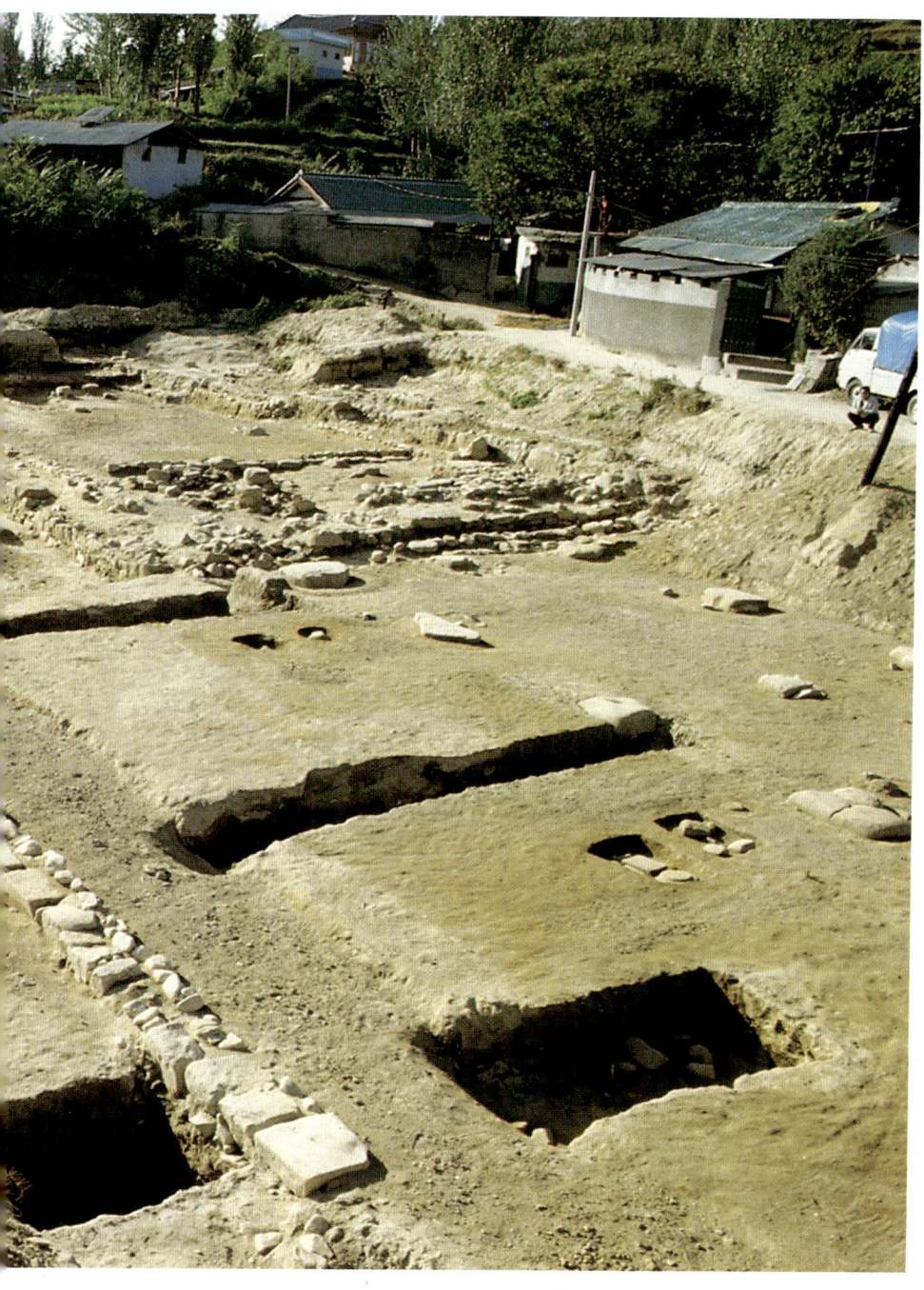

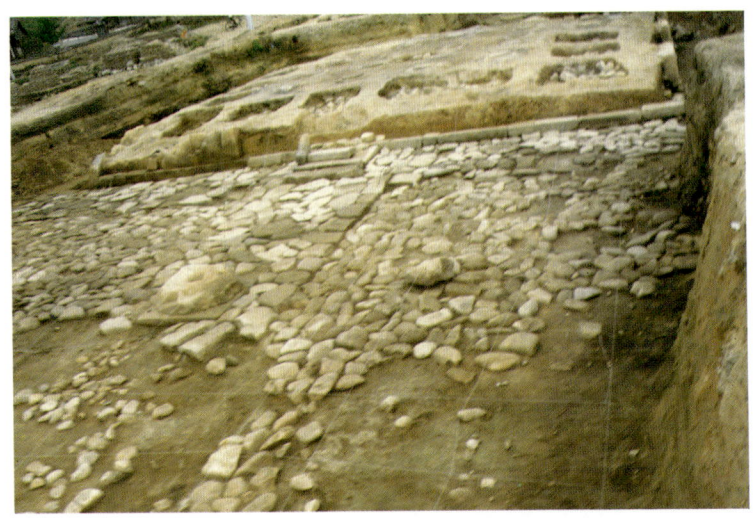

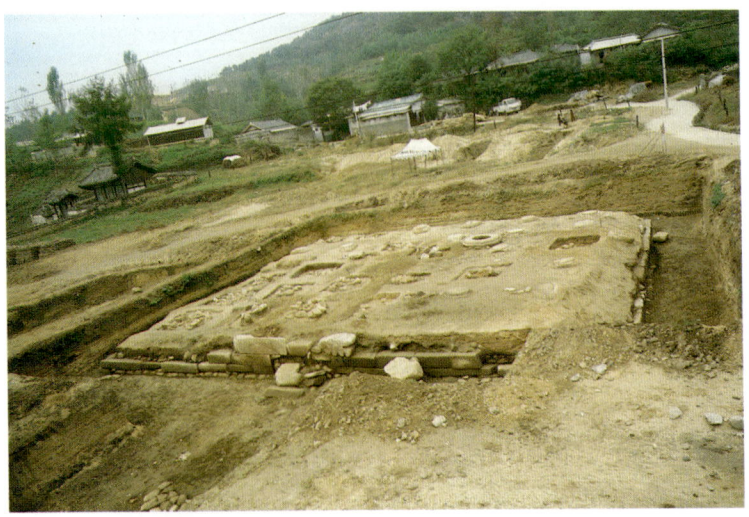

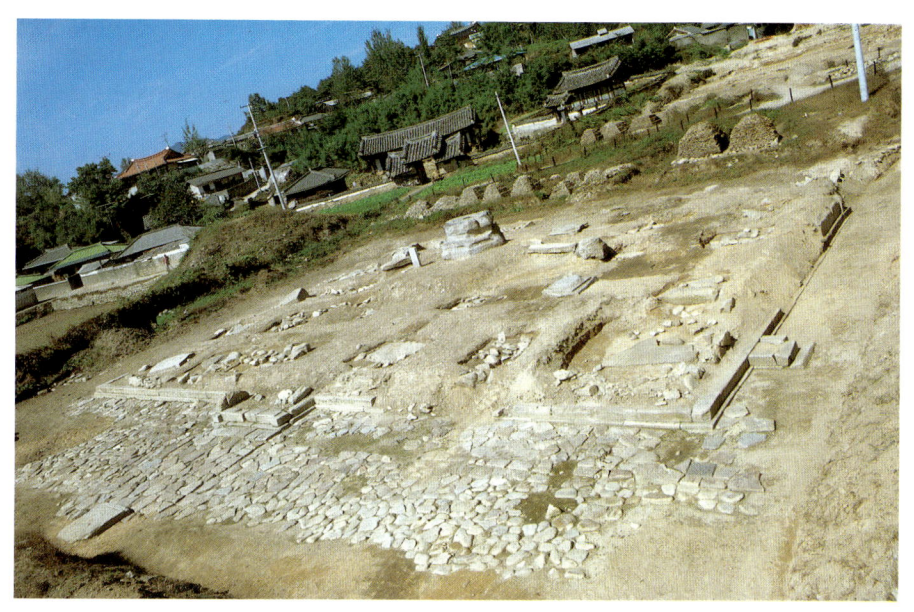

강당지 강당지 좌우에는 회랑이 있지 않고 건물이 있었던 것으로 추정되는데 북쪽에서 흘러내린 토사에 의하여 파괴가 매우 심하였다. 토사 중에는 조선시대의 가마터에서 흘러내린 기왓조각 등이 많이 보여서 폐사 시기를 정유재란 때로 보게 한다. (앞)

목탑지 동탑 서전식의 초창기 만복사는 조선조에 들어와 세조 때를 전후한 시기에 1탑 3금당식으로 중창된 것으로 보인다. 창건 당시부터 중창 이후까지 가람의 중심이 되는 목탑이 있었던 곳으로 추정되는 유구이다. (왼쪽 위)

북금당지 기단에는 와편을 쌓은 와적열이 있었는데, 이 와적열에서 천순(天順) 6년 등의 글씨가 있는 암막새가 출토되어 조선 세조 때를 전후하여 중창이 있었음을 알 수 있다. (왼쪽 아래)

서금당지 창건 당시는 남북으로 긴 건물이었던 것으로 보인다. 건물지 내부에는 35자의 동불이 있었을 것으로 추정되는 대좌가 있다. 이 대좌는 거대한 돌을 다듬어 상·중·하대를 표현하였으며, 윗면에는 네모난 구멍이 있어 불상을 끼우도록 마련되어 있다. 강당지 남변 기단의 외부 바닥에는 돌이 깔려 있다. (오른쪽)

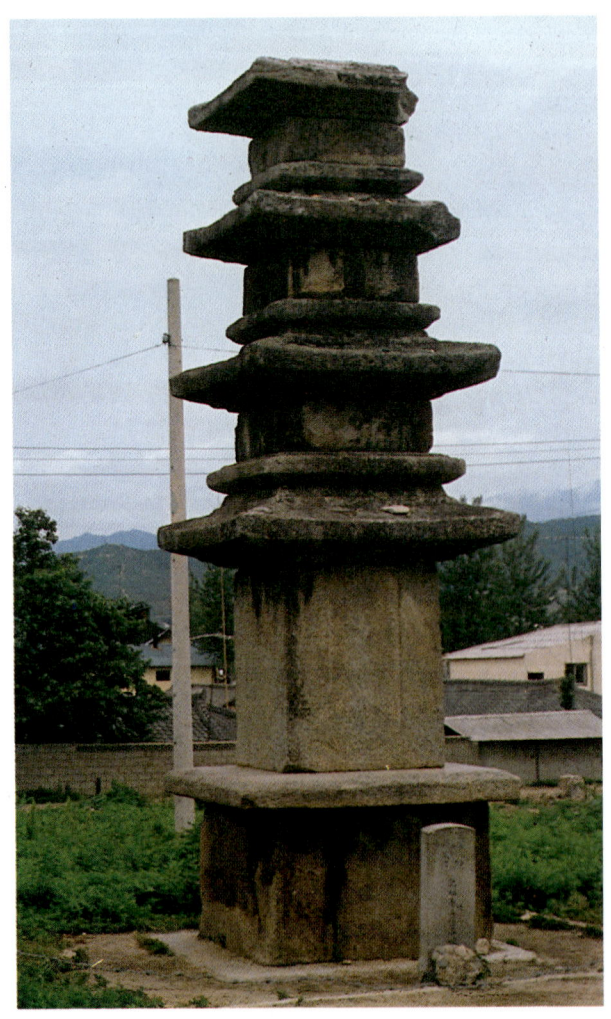

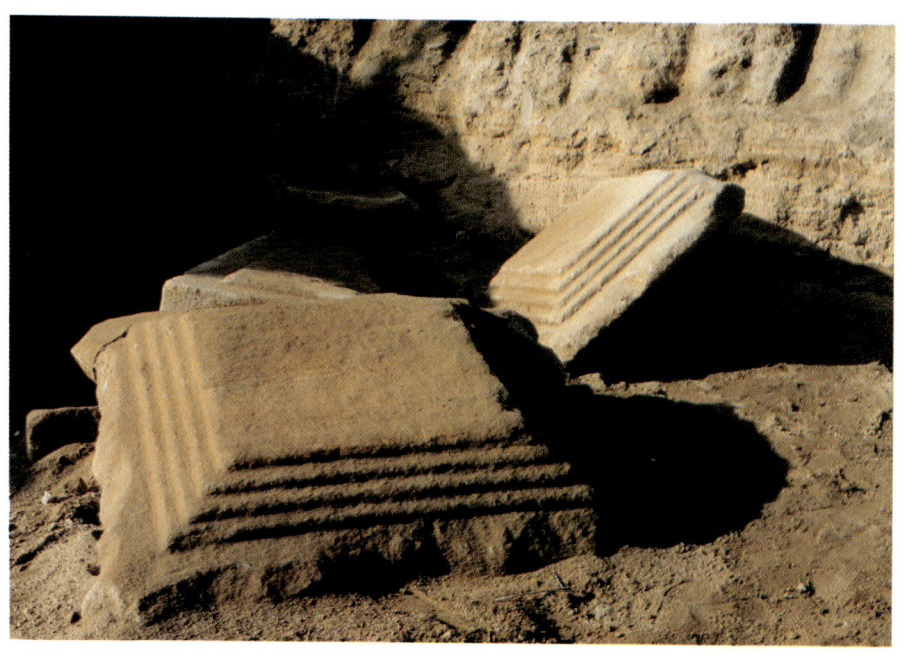

5층 석탑 전라도 지역에서 흔히 볼 수 있는 백제계 석탑의 양식이다. 단층의 기단이
며 초층 탑신에 비해 2층에서는 탑신의 높이가 갑자기 감소되어 옥개석과의 조화를
잃고 있다.(왼쪽)

석탑재 만복사지 5층 석탑의 남쪽 지역 발굴조사 과정에서 출토된 석탑재로, 5층 석탑
과는 다른 석탑이 있었음이 확인되었다. 이 석탑은 5층 석탑보다 앞서는 시기의 것으
로 추정되며 따라서 5층 석탑 이전에 또다른 석탑이 있다가 그 석탑이 부서지므로
다시 5층 석탑이 들어서게 되었음을 알려준다.(오른쪽)

미륵리 사지

예로부터 험한 산길로 손꼽히는 문경 새재가 있다. 문경 새재는 우리나라 동남부 지방에서 서울로 오는 길목으로 교통의 요지이면서 동시에 국방의 요지이다. 이 새재에는 세 길이 있는데 그 중 하나인 지릅재에 경주 토함산의 석굴암과 같은 계통의 석굴 사원 터가 있다. 이 절터는 수안보 온천에서 멀지 않은 곳에 자리하고 있으며 행정 구역상으로는 충북 중원군 상모면 미륵리이다. 그래서 미륵리 사지라고 부른다. 미륵리 사지에 대한 조사는 새마을 사업의 하나로 절터에 있던 집들을 옮기고 그 집터를 정리하던 중 당간지주 등의 유물과 유구가 노출되어 청주대학교 박물관 주관으로 1977년과 1978년에 실시되었다.

발굴 조사된 바에 따르면 이 절은 지금까지 보았던 절터들이 남쪽에 문이 있고 그 북쪽에 탑, 금당이 있는 것과는 달리 북쪽에 문이 있고 남쪽으로 석탑과 금당이 있는 배치 형태였다. 즉 대부분의 절이 남향을 하고 있는 데 반해 북향으로 배치된 점에서 우선 특이하다. 또 이들 건물을 둘러싸고 있는 회랑은 확인되지 않으며 대신 동쪽에 남북으로 긴 건물이 있고 서쪽에도 그에 대칭되는 건물이 있어 회랑을 대신하는 것으로 생각된다.

남쪽에 자리하고 있는 금당의 동쪽에는 금당과 연결되는 남북으로 긴 건물이 또한 자리하고 있어 강당지로 추정되고 있다. 즉 일반적으로 강당이 가람의 남북 중심축 선상에 자리하고 있는 것과 달리 금당의 동쪽에 자리하고 있는 이례적인 배치로 추정하고 있다.

금당은 불상이 있는 주실과 주실 앞에 있는 전실로 구분된다. 주실은 평면이 4각형으로 북쪽을 제외한 3면을 돌로 높게 쌓아 올렸으며 그 벽 위에 높이 167센티미터, 폭 86~110센티미터 크기의 돌기둥을 세우고 돌기둥과 돌기둥 사이에는 벽장과 같은 시설이

3개씩 있다. 이 벽장 시설은 167센티미터, 폭 60~65센티미터, 깊이 57~73센티미터 내외의 크기이다. 그 안에 앉아 있는 나한상 등이 조각된 돌판 3매씩을 안치했다.

이 벽장 시설 위에 다시 깎은 돌을 4단으로 쌓았고, 동벽과 서벽에는 1단의 깎은 돌 위에 다시 6개씩의 벽장 시설을 마련하였다. 각 벽장 안에는 앉아 있는 보살상 1구씩을 모시었다. 한편 남벽에는 벽장 시설이 없고 대신 벽을 이루는 돌 위에 앉아 있는 부처와 보살상이 있다. 이같은 벽체의 바깥쪽에는 깎은 돌과 막돌로 쌓은 석축이 있으며 벽의 높이는 안쪽 바닥에서 6.12센티미터이다. 벽체의 윗면에는 안쪽에 주춧돌로 보이는 큰 돌이 같은 간격으로 놓여 있어 지붕 시설이 있었던 것으로 생각된다.

이 주실에는 4개의 주춧돌이 사방에 놓여 있으며 그 중앙에 보물 96호로 지정된 불상이 있다. 불상은 9.6미터 높이이며 왼손에 연꽃 봉오리를 들고 넙적한 판석을 깐 바닥에 놓인 대좌 위에 서 있으며 머리에 8각형의 모자를 쓰고 있다. 광배는 확인되지 않았고 미륵불로 추정하고 있다. 이 서 있는 미륵불을 중심으로 3면 벽에 있는 벽장 시설이나 남벽에 있는 부처와 보살상이 앉아 있는 자세라는 점이 특이하다. 주가 되는 부처가 앉아 있고 그 주위의 격이 낮은 불상이 서 있는 것이 보통인데 여기에서는 그와는 다른 양상을 보이고 있다.

주실의 주춧돌과 같은 열에 주춧돌을 놓고 다시 그 동서로 주춧돌을 놓은 3칸×1칸의 건물 터가 있는데 이를 전실이라고 한다. 이 전실은 5칸×1칸이었던 때도 있었던 것으로 밝혀졌으며 주실의 부처를 예배하기 위한 구역으로 볼 수 있다.

특이한 양상을 보이는 이 절터에서는 금동으로 만든 귀면상, 청동제 신장상 그리고 고려 명종 22년(1192) 때의 연호인 '명창' '대원사' '미륵당' 등의 글씨가 있는 기와가 출토되었다. 이에 따라서 이 절터를 미륵 대원으로 보고 고려초에 만들어진 사찰로 보는 견해도 있다.

또 이 절터의 핵심인 금당의 주실에 화재의 흔적이 분명한데 그 안에 모셔진 부처에는 그같은 흔적이 없고, 머리에 쓴 8각의 모자는 나무로 만든 지붕이 있는 석굴과는 어울리지 않는다는 점 등을 들어서 석굴을 만든 시기와 부처를 만든 시기가 다르다는 견해도 있다. 그러나 발굴 조사한 사람은 출토된 기와편이나 석탑의 양식 등으로 미루어 이 절이 11세기경에 만들어진 것으로 결론을 내리고 있다.

한편 이 절이 언제 폐허로 변했는지에 대해서는 대체로 몽고의 침입과 관련지어서 생각하고 있다. 즉 고려 고종 25~43년 사이에 몽고군이 이 절터 부근에 출몰했었다는 기록을 근거로 몽고군에 의하여 불탔을 가능성이 큰 것으로 생각하고 있다.

북쪽을 향하고 있는 이 절터는 그 절을 짓게 된 동기가 알려져 있지 않으나 북향이라는 점에서 북쪽과 관련된 동기를 추리할 수가 있다. 토함산 석굴암을 김대성이 부모를 위하여 지었다고 하나, 동쪽 바다를 바라보고 왜구를 진압한다는 염원을 담고 있다는 점과 통하는 요소가 있을 것으로 생각된다. 즉 북쪽을 향한 어떤 뜻이 있었을 가능성이 있으며 그런 염원이 있기에 불이 나면 절이 모두 타버릴 위험이 있음에도 불구하고 북향 배치를 한 것으로 보인다.

이 절의 창건이 고려초이건 그보다 약간 늦건간에 국방의 요지인 이곳에 절을 세우고 북을 향하도록 한 것은 고구려의 옛 땅을 되찾겠다는 태조 왕건의 큰 뜻과 관련이 있을 법도 하다.

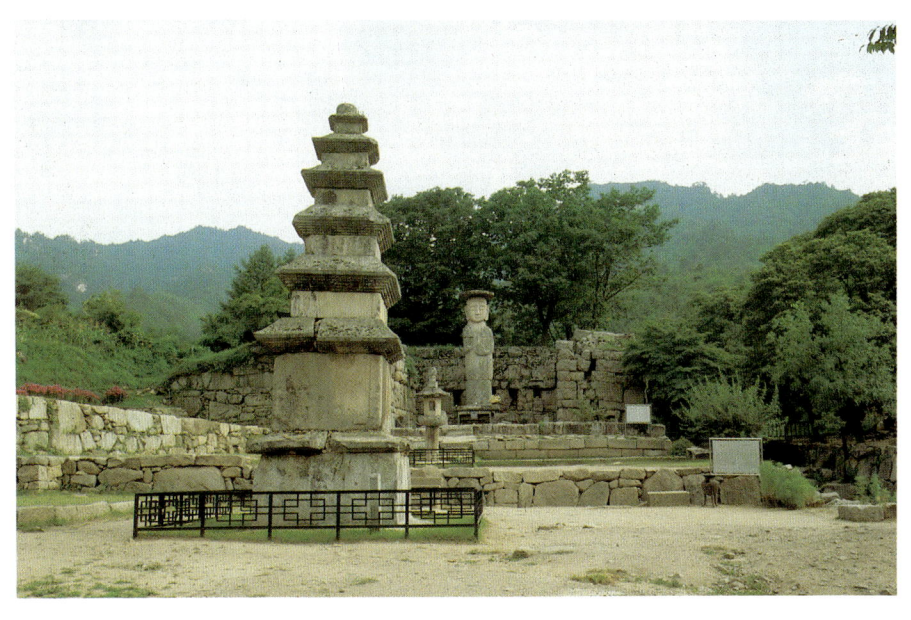

미륵리 절터 전경 암굴사원 형태의 미륵리 절터는 기본적으로 탑과 금당을 일직선상
　　에 배치하는 구도를 따르고 있다. 북쪽에서부터 탑, 석등, 석불이 자리하고 있다.
석불 둥근 테의 모자를 쓰고 있는 모양의 석불 주변에는 석축을 쌓은 형태의 구조물이
　　3면을 두르고 있다. 이것은 인공적인 석굴을 만들기 위한 것으로, 이 안에 불상이
　　모셔졌다.(뒤)

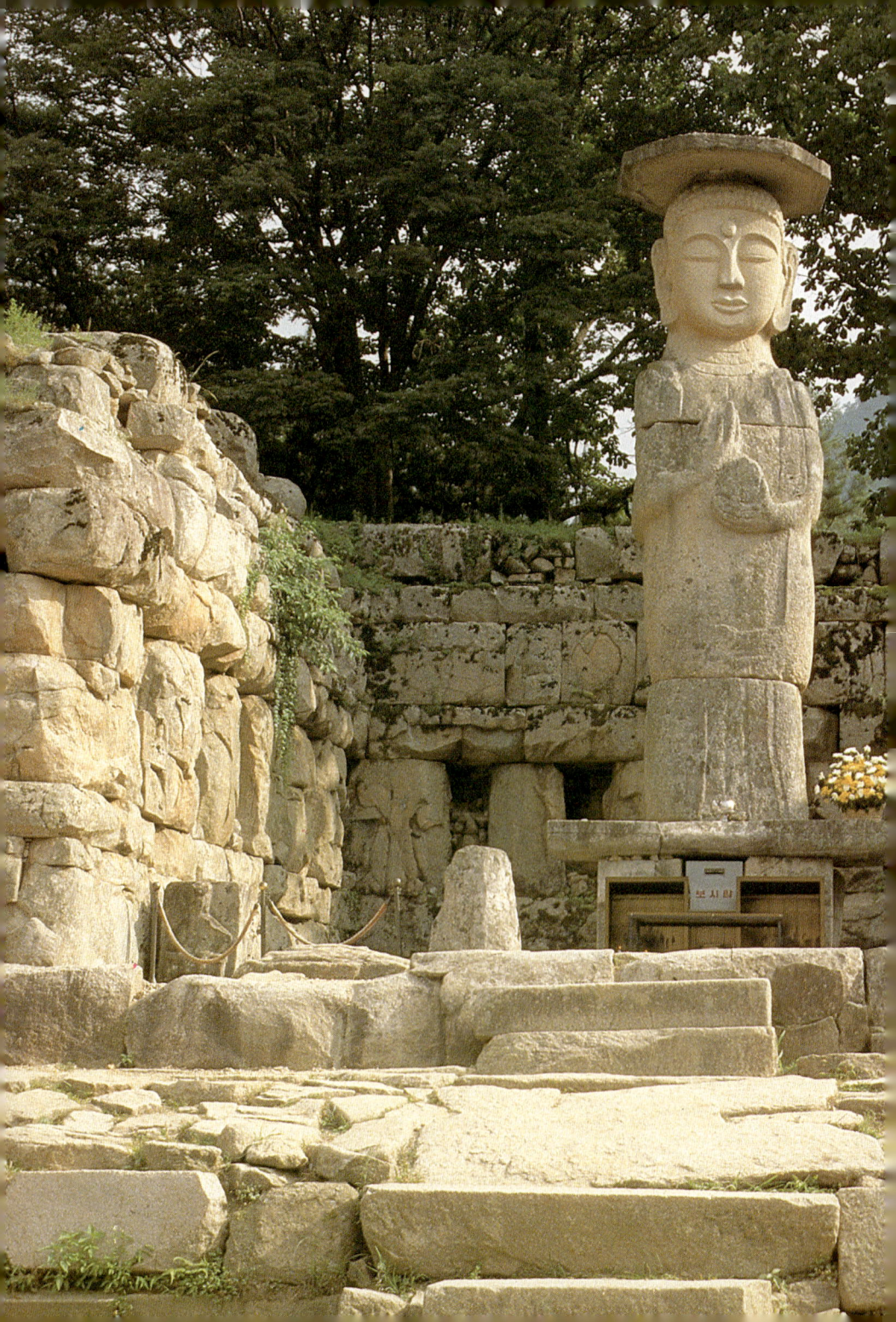

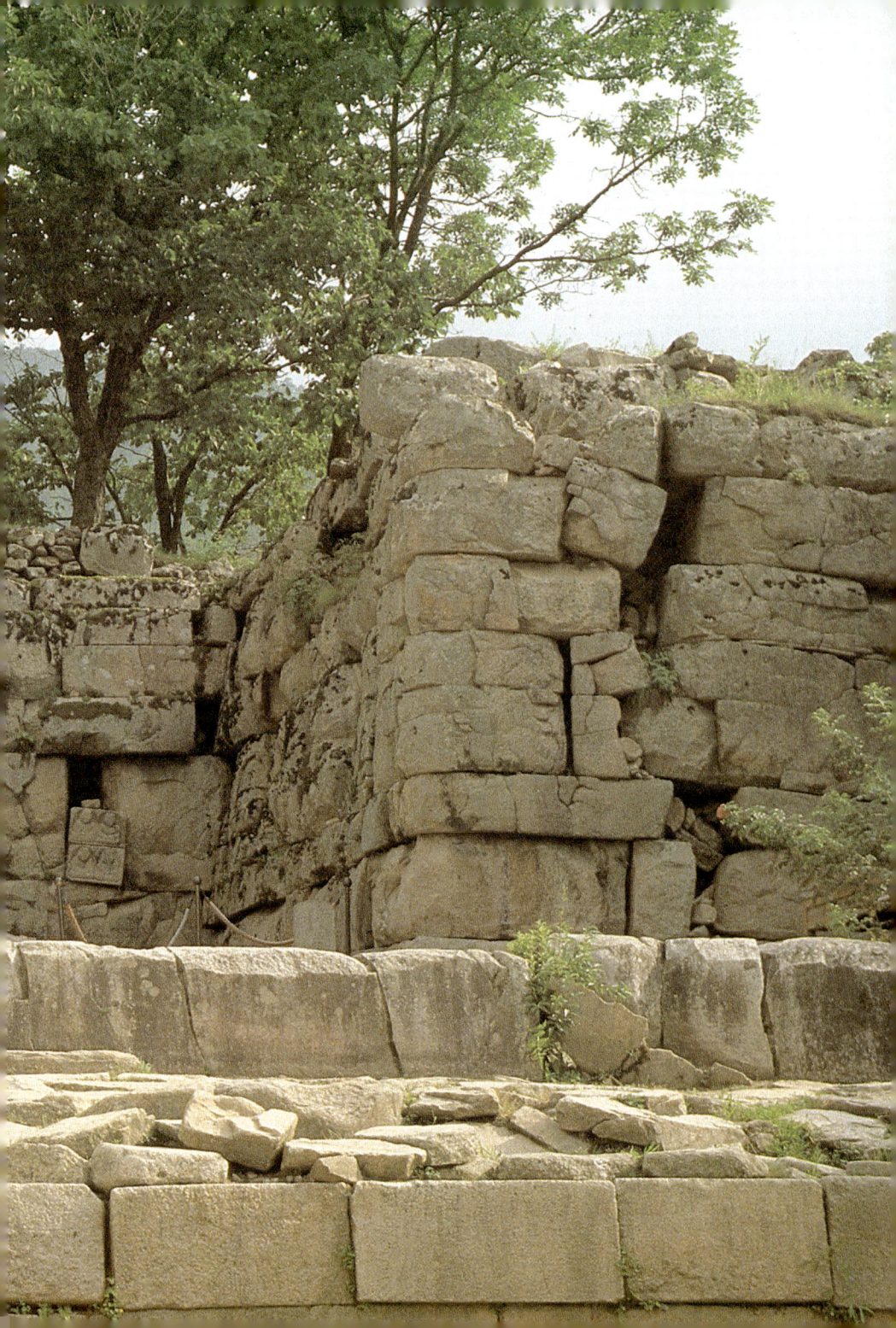

석등 석탑과 석불의 사이에 자리하고 있다. 비교적 완전한 형태로 보존되어진 전형적
  인 석등이다.(왼쪽)
석탑 일반적으로 탑이 금당의 남쪽에 자리하는 것과는 달리 불상의 위치와 함께 북쪽
  에 자리한 점이 미륵리 절터에서 특이한 점이다. 탑의 상륜부 일부가 결실되었다.
  (오른쪽)

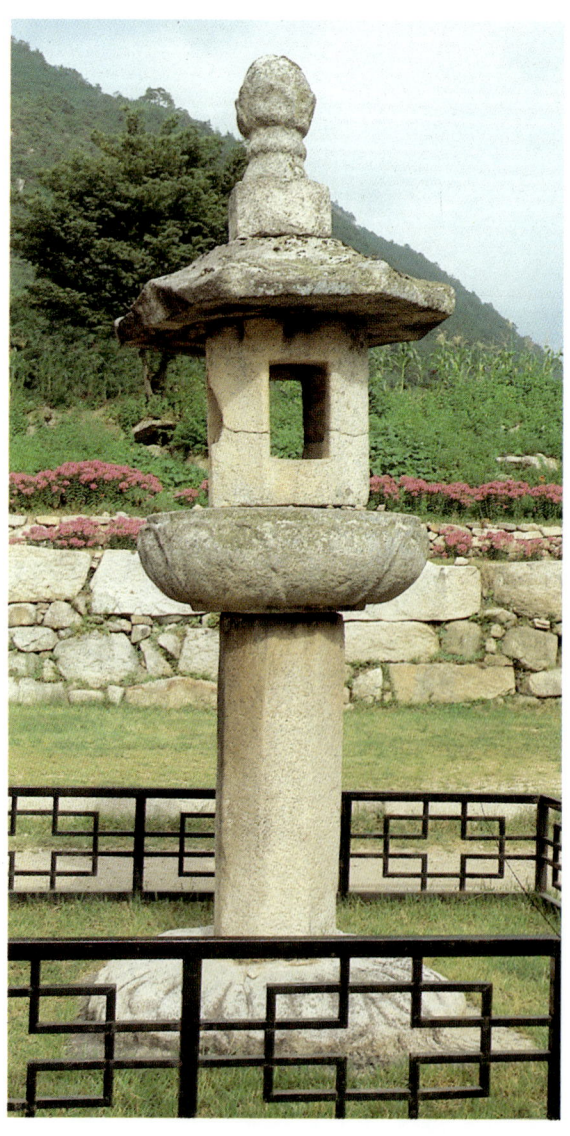

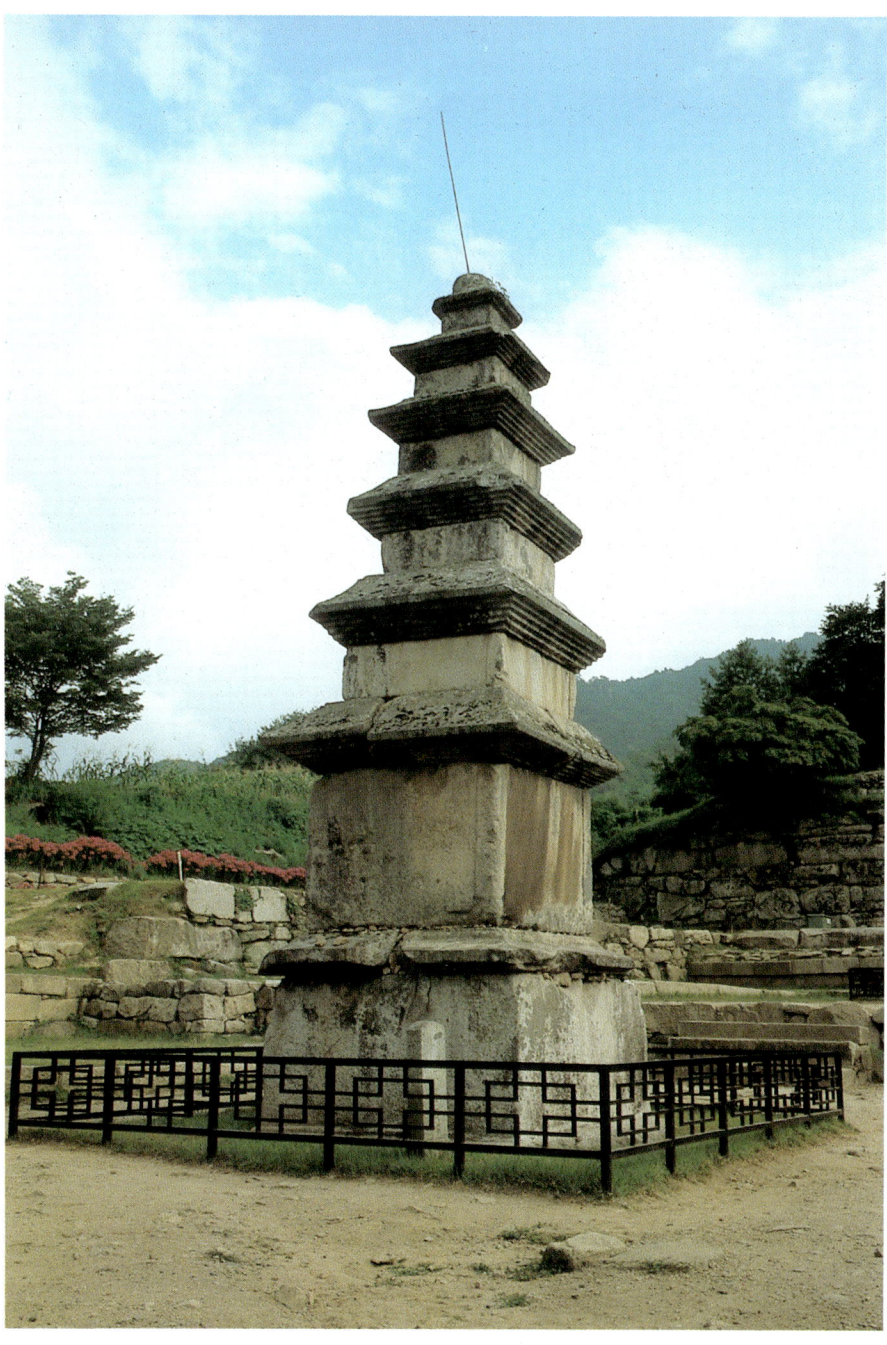

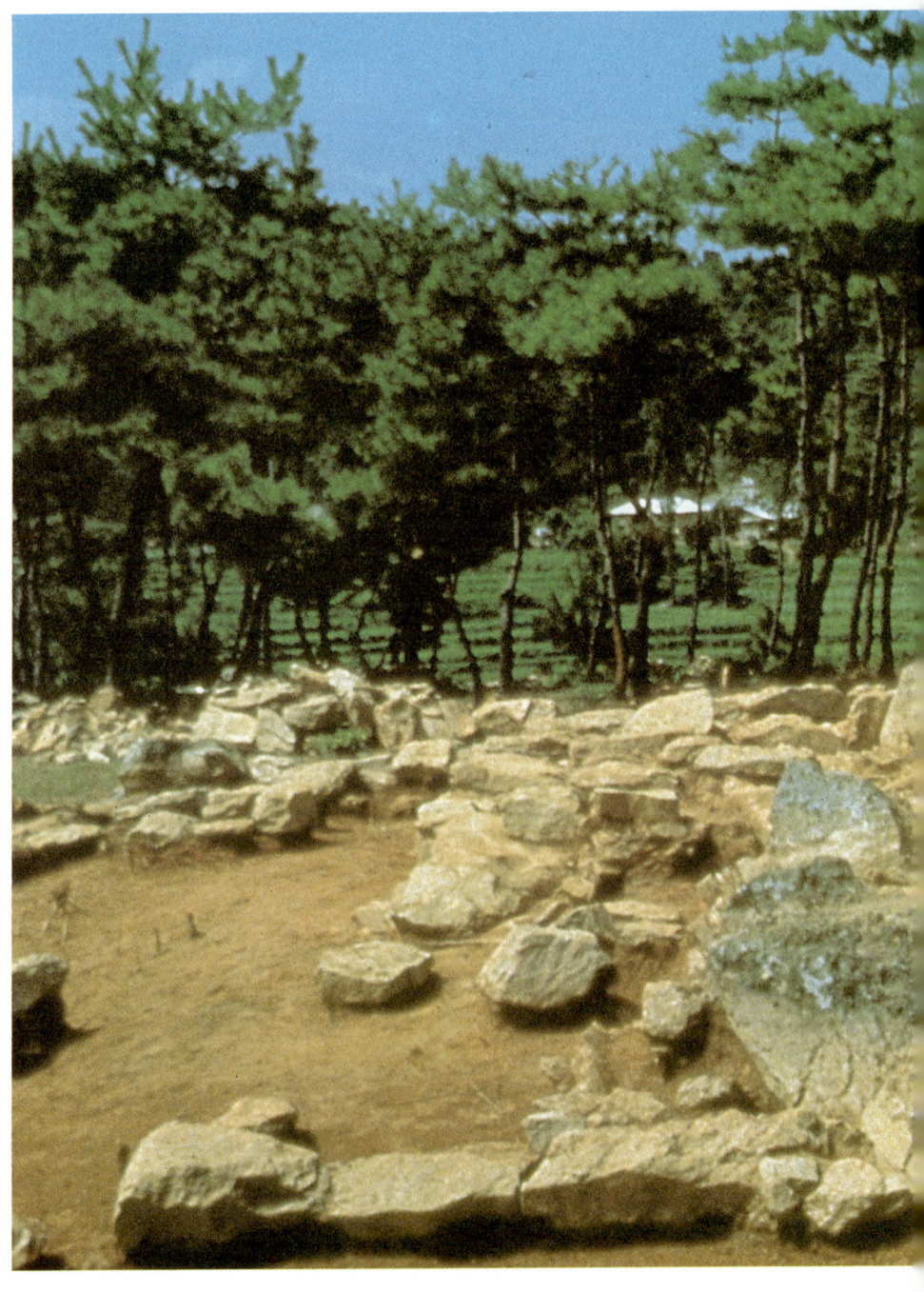

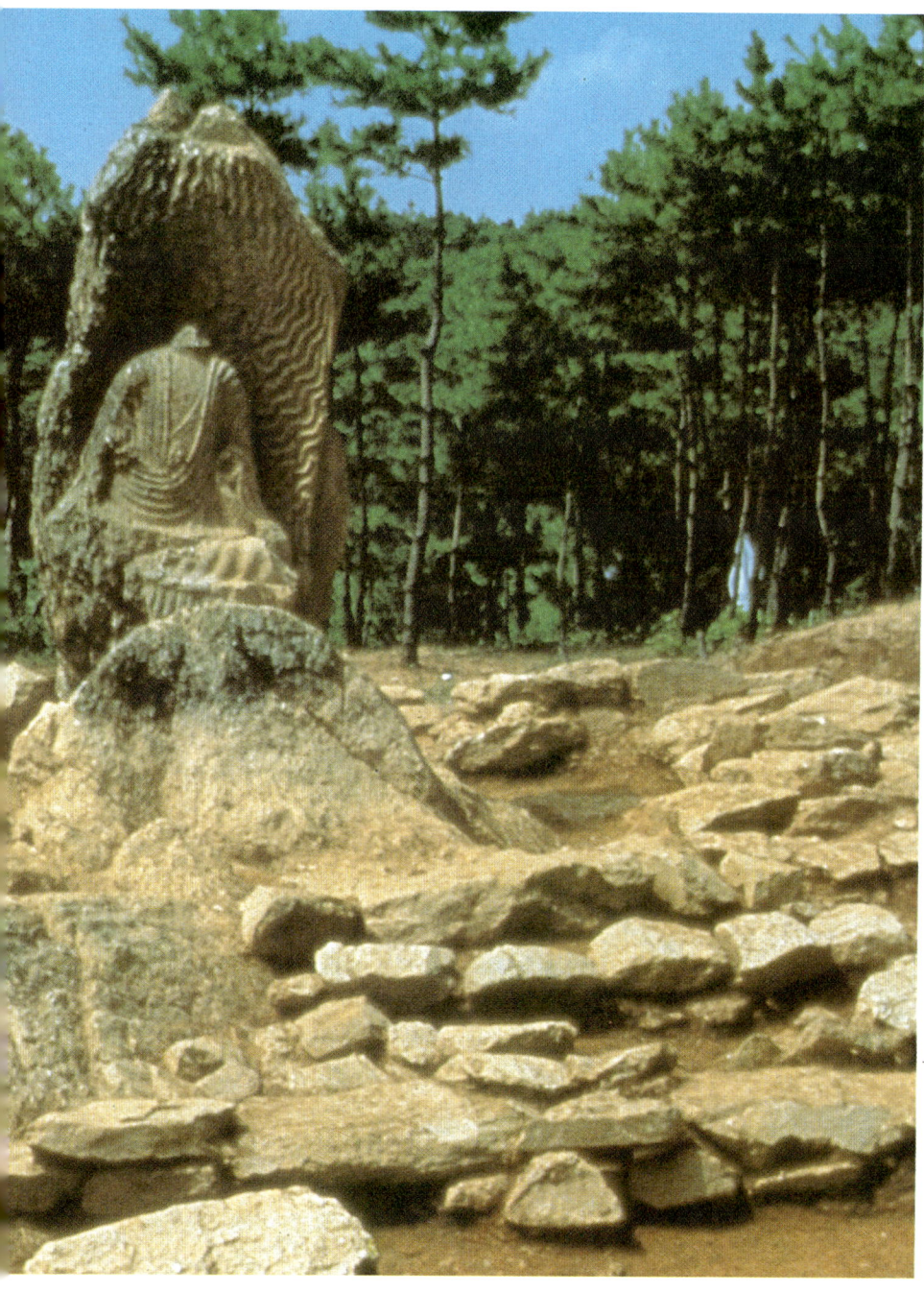

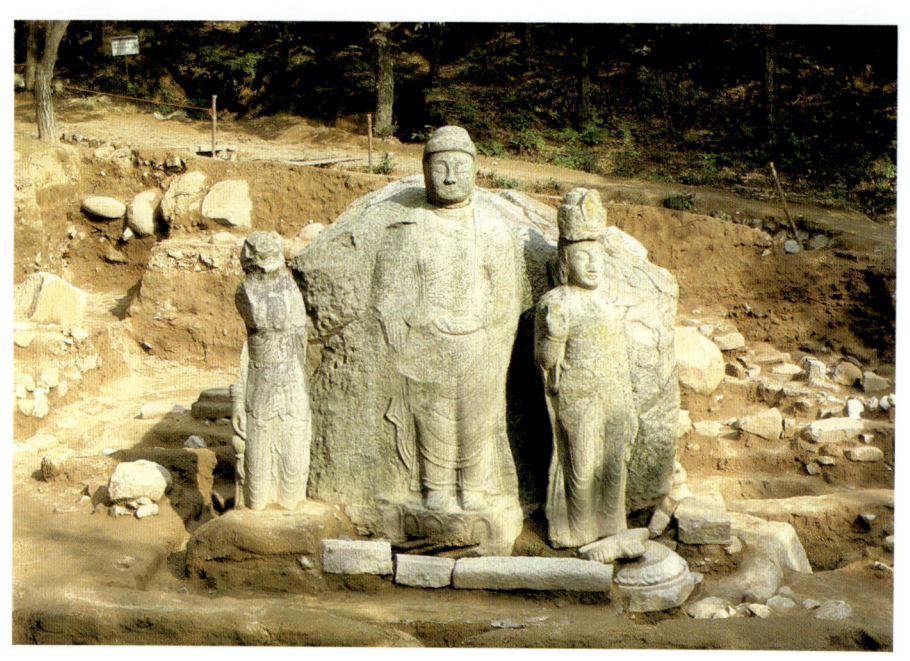

예산 사면석불 충남 예산의 사면석불은 백제시대의 것으로 추정된다. 이 석불의 주위
　에 건물을 짓고 예배를 드렸을 것이며 탑이나 석등 등이 없는 간단한 형태의 절이었
　던 것으로 판단된다.(앞)
굴불사지 사면석불 이차돈이 순교했을 때 목이 날아가 떨어졌다고 전해지는 곳에
　백률사가 자리하고 있다. 그 산인 금강산의 기슭에 땅에서 부처가 나왔다는 굴불사의
　사면석불이 자리하고 있다.(위)

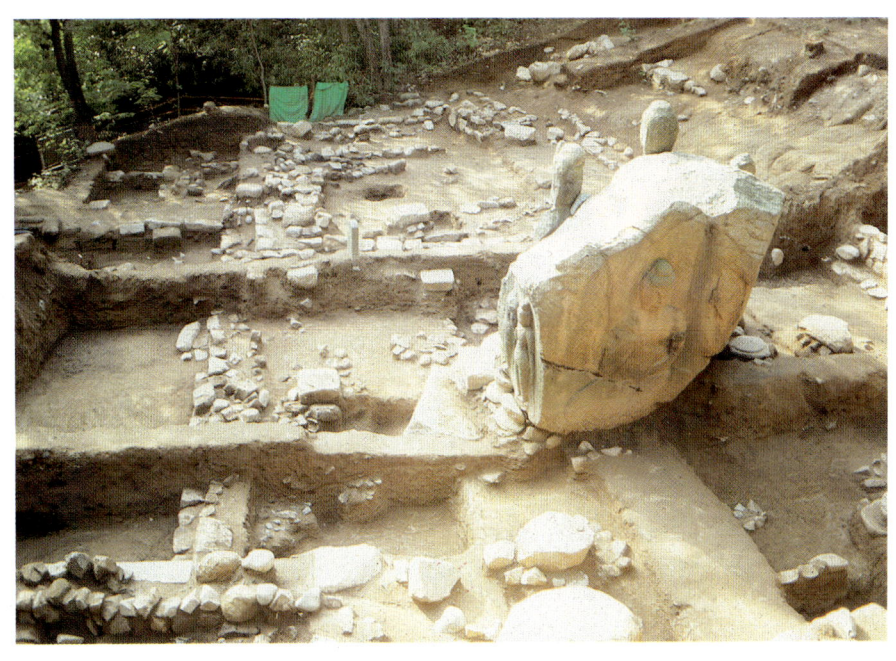

굴불사 건물지 석불의 주위에는 건물지가 있었는데 금당의 기능을 지녔던 것으로
추정된다. 굴불사지 조사에서는 금당지만이 확인되었는데 석불을 예배하는 장소였던
것 같다. 위에 드러난 유구는 건물의 석축이다.

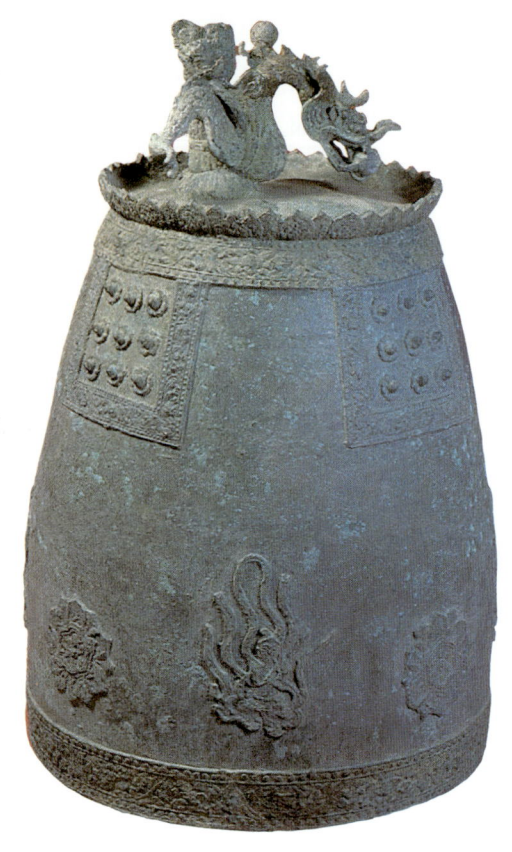

굴불사지 출토 종 이 종 안에 작은 종이 들어 있었다. 정상부에 우리나라 종의 특징을
갖춘 용통이 있으며 몸체에는 주악 천인상과 당좌가 교대로 배치되고 있다.(왼쪽)
소종 기본적으로 왼쪽 사진의 종과 같은 형태인데 이 종에는 삼(麻)을 꼬아 만든
끈이 남아 있었다.(오른쪽 위)
반자 대정(大正) 23년이라는 명문이 있어 고려 명종 13년(1183)에 만들어진 것임을
알 수 있다.(오른쪽 아래)

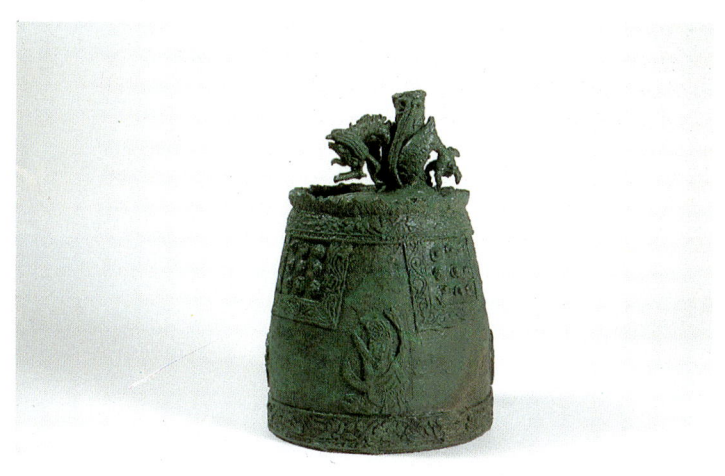

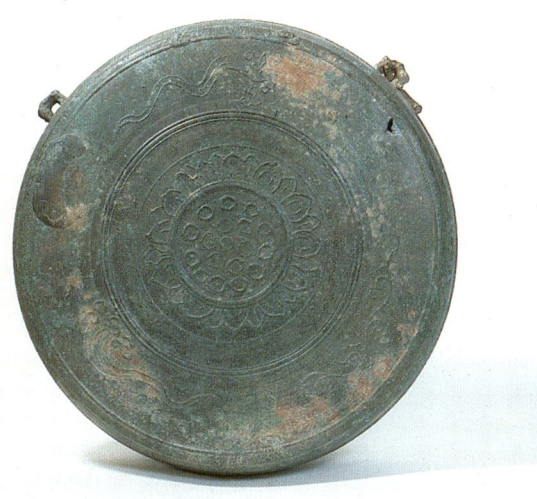

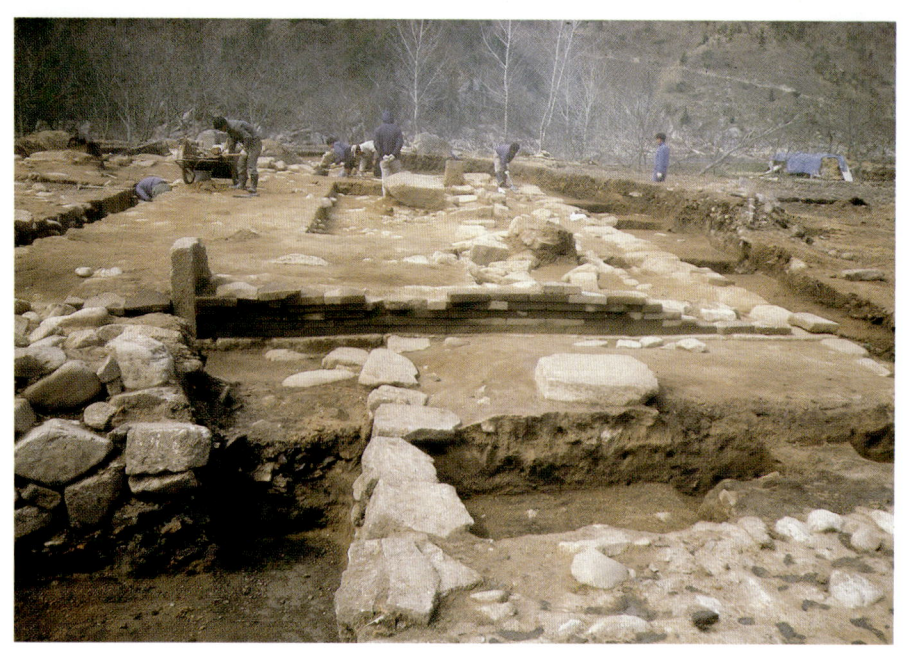

죽죽리 절터 경남 합천 죽죽리에 위치한 이 절터에는 조선시대의 서원이 있었다. 이 절터에 대한 조사는 1985년부터 1986년까지 실시되었는데 지표에서 석등의 대석과 기와편만이 발견되었다.

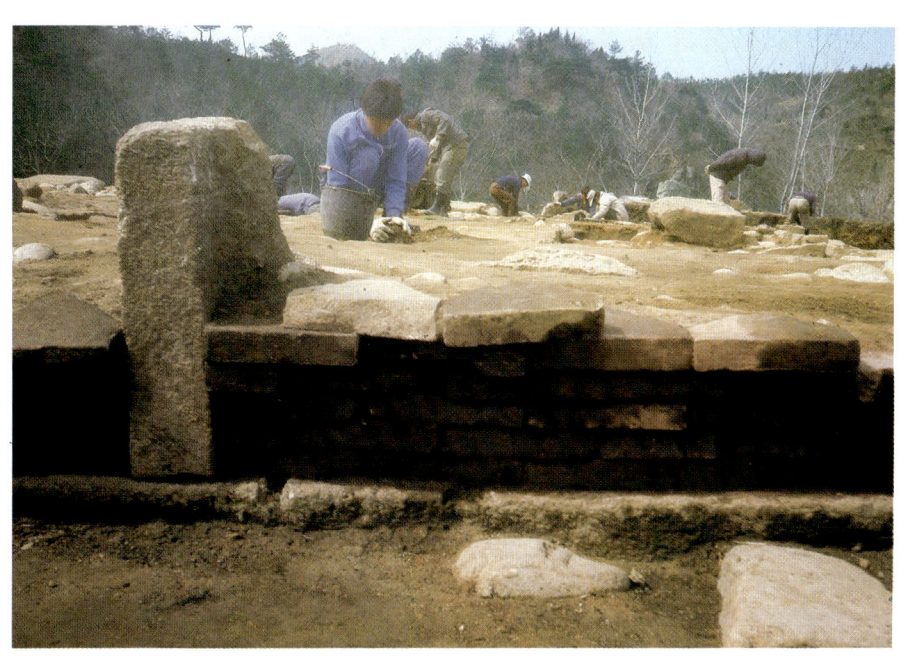

죽죽리 절터 기단 전을 이용하여 기단을 쌓은 예는 극히 드문 일인데 여기서는 크고
넓적한 전돌을 차곡차곡 쌓아올려 기단을 형성하였다.

미륵사지 당간지주 통일신라 때에 만들어진 것으로 추정되며 마주보고 있는 두 개의
지주 사이에는 깃대를 받치는 돌이 있으며, 두 지주의 안쪽에는 깃대를 지탱하기
위하여 버팀대를 끼우는 간구가 있다. (뒤)

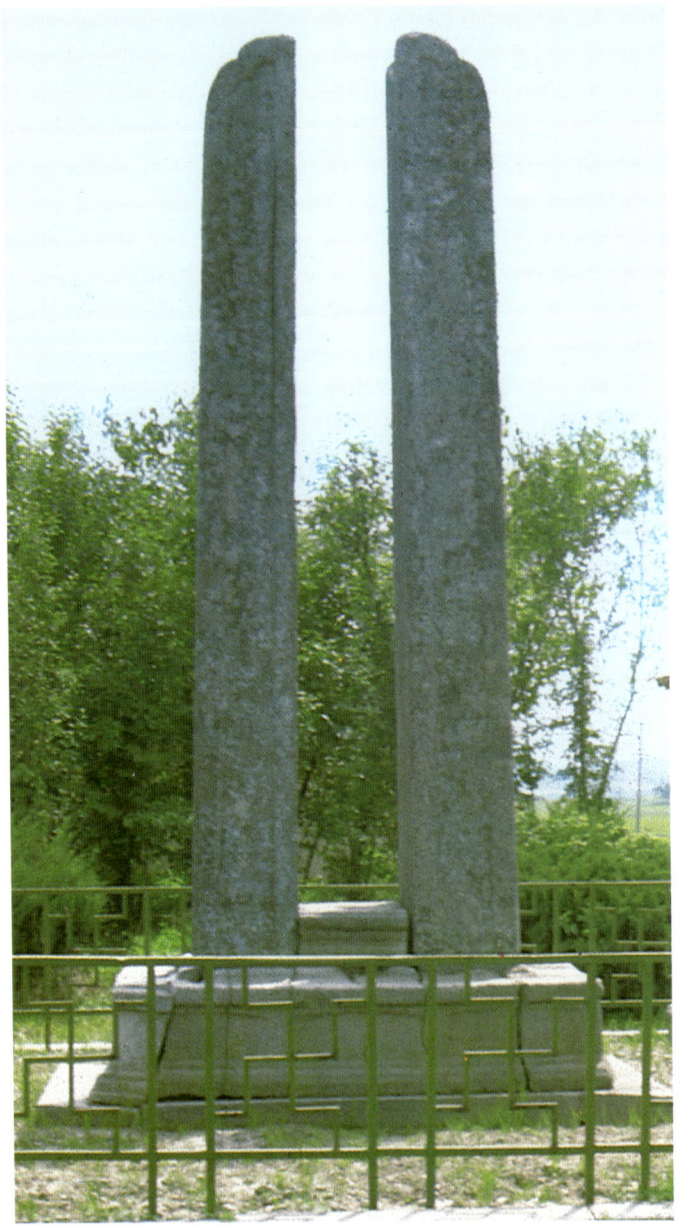

우리나라 가람 배치

　지금까지 살펴본 몇몇 절터 중 미륵리 사지를 제외한 절이 모두 평지 가람에 속하는 것이었다. 이는 의도적인 것이 아니며 단지 산지 가람은 대체로 지금까지 남아 있어 그 전체 배치를 밝히기 위한 발굴 조사가 없었기 때문이다. 즉 산지 가람은 극히 부분적인 조사만 있었을 뿐 전면적인 발굴 조사가 이루어지지 않았다.

　산지 가람에 대하여는 현재 남아 있는 절의 배치 등을 참고로 연구되고 있을 뿐이지만 산지 가람에 딸린 암자에 대하여는 발굴 조사가 이루어진 바가 있다(표 참조). 가람 배치는 주로 평지 가람을 중심으로 살펴보고 아울러 암굴 사원에 대하여 간단히 언급하고자 한다. 그리고 산지 가람의 평면 배치는 대표적인 예를 들어 살펴보고자 한다.

삼국시대

고구려

잘 알려진 바와 같이 고구려 소수림왕 2년(372)에 중국 전진 (前秦)으로부터 불교가 전래된 고구려에서는 소수림왕 5년에 이불 란사와 초문사를 국내성에 건립하였고 문자왕 7년(498)에는 금강 사를 짓는 등 적지 않은 절의 이름이 기록에 남아 있다.

또 「삼국유사」에 의하면 영탑사에는 평면이 8각인 7층 석탑이 있었으며 요동성에는 육왕탑이라는 7층의 목탑이 있었다고 한다. 따라서 목탑 외에도 석탑이 있었음을 알 수가 있는데 고구려의 절터 중 그 가람 배치 형태가 알려진 것으로는 청암리 사지, 원오리 사 지, 정릉사지 등이 있을 뿐이다.

청암리 사지는 금강사지라고 주장하기도 하는 절터이다. 소위 1탑 3금당식의 가람 배치를 하고 있는 전형적인 예이다. 즉 중앙에 목탑이 있었을 것으로 보이는 평면 8각형의 건물지가 있고 동, 서, 북쪽에 금당이 있으며 남쪽에는 문이 있는 형태의 가람 배치이다.

탑지와 북쪽의 금당과 문을 잇는 가람의 남북 중심축을 따라서 북금당의 북쪽에 다시 건물지가 있어 강당지로 추정된다. 3개의 금당과 문을 잇는 보도가 있으며 북금당은 동서로 긴 건물이고, 동금당과 서금당은 남북으로 긴 건물이다.

청암리 사지의 이같은 배치는 당시의 궁궐과 같은 배치의 양상이 라고 추정하고 있다. 사마천이 지은 「사기」에 보면 5성좌가 황도를 중심으로 동쪽에 동궁, 서쪽에 서궁, 북쪽에 북궁에 해당되는 금당이 있고, 남쪽에는 남궁에 해당되는 건물이 있는 배치이다. 남쪽 건물에 는 출입문이 있다.

정릉사지는 고구려가 평양으로 천도한 427년을 전후한 시기에 건국 시조인 동명왕의 왕릉을 평양으로 옮기면서 그 원찰로 지은 절의 터이다.

왕릉에서 120미터 남짓 남쪽에 절터가 자리하고 있다. 1976년경에 발굴 조사된 이 절터에서는 '정' '정릉' '릉사' 등의 명문이 있는 토기편이 출토되어 정릉사임을 알 수 있었다고 한다.

가람은 중앙에 평면 8각형의 탑지가 있고 그 동, 서쪽에 금당이 있으며 북쪽에는 북금당이 있는데 탑과 북금당 사이에는 후대에 만든 것으로 보이는 회랑이 동서로 가로놓여 있다. 북금당의 동쪽과 서쪽에는 각기 동서로 긴 건물이 자리하고 있어 종루로 추정하고 있다. 북금당의 북쪽에는 역시 후대에 만든 회랑이 동서로 가로놓이고 다시 그 북쪽에 강당지로 추정되는 건물지가 자리하고 있다.

탑의 남쪽에는 중문이 있었고 그 좌우에 남회랑이 있으며 남회랑과 이어지는 동, 서회랑은 강당지 좌우의 회랑으로 이어지는데 동회랑만은 강당지보다도 북쪽으로 계속되는 형태를 보이고 있다. 즉 강당지의 동쪽에 북회랑 대신 건물지가 있다. 따라서 동회랑은 북회랑에 이어지지 않고 계속 북쪽으로 뻗어 있는 형태로 가람의 남북 중심축을 중심으로 동서 대칭의 원칙을 벗어난 형태이다.

정릉사의 규모는 매우 큰 편으로 회랑을 중심으로 한 가람의 동서 길이 86.2미터, 남북 길이 95.6〜132.8미터에 이르며 강당지의 기단 규모는 190여 평에 달하는 크기이다.

이 절터의 가람 배치는 우선 가람의 남북 중심축에서 동서가 대칭을 이루지 않는다는 점 그리고 탑과 북금당, 북금당과 강당 사이에 동서로 회랑이 자리하고 있다는 점이 특이하다. 그러나 이 회랑들이 후대에 만들어진 것이므로 이를 제외하면 기본적으로는 청암리 절터와 같은 형태인 평면 8각형인 1탑에 금당이 3개 있는 가람으로 정리될 수 있다.

평면 8각형의 탑을 중심으로 금당이 3개 있는 형태는 이외에 상오리 절터에서도 볼 수 있으며 지금까지 알려진 고구려의 절터는 모두 이같은 평면 배치를 보이는 것으로 알려져 있다. 따라서 고구려의 가람 배치는 1탑 3금당식을 대표적인 것으로 꼽을 수 있다.

백제

백제에는 침류왕 원년(384)에 중국 동진(東秦)으로부터 불교가 전래되어 그 이듬해에 한산에 절을 지었다는 기록이 있다. 그러나 백제의 도읍이 한강 유역에 있을 때의 절터로 확인된 것은 아직 없으며 웅진(공주)으로 천도한 이후의 절터들은 알려져 있다. 그 중 군수리 절터, 동남리 절터, 금강사지, 정림사지, 미륵사지 등이 발굴 조사되었다.

금강사지는 부여군 은산면 금공리에 자리하고 있는 절터로 1964년과 1965년에 발굴 조사되었다. 가람 배치는 전형적인 1탑 1금당식 가람 배치인데 다만 가람의 중심축이 남북 방향이 아니고 동서 방향인 점이 특이하다. 즉 동쪽에서부터 서쪽으로 중문, 탑, 금당, 강당을 일직선상에 배치하고 그 주위에 회랑이 둘러져 있는 형태이다.

또 강당지의 북쪽에는 남북 길이 88.6미터, 동서 길이 약 14미터인 건물지가 자리하고 있다. 그같은 건물의 흔적은 북회랑의 바깥에서도 확인되었는데 이것들은 승방지로 추정된다. 남회랑의 바깥에도 승방이 있었을 가능성이 있어 이른바 3면 승방을 갖춘 것으로 생각되고 있다. 즉 가람의 중심곽 외부인 강당의 뒤와 강당을 중심으로 한 좌우측에 자리하는 예를 보여 준 것으로 생각되는 것이다. 이 절터에서는 '금강사'라는 글씨가 있는 암키와가 나와 금강사지로 불리게 되었으나 창건 당초부터의 이름인지는 분명하지 않다.

군수리 절터는 백마강가에 자리하고 있으며 1935년과 1936년에 발굴 조사되었다. 가람의 형태는 4각형 평면의 목탑지를 중심으로 남쪽에 중문지가 있고 그 북쪽에 금당지, 강당지가 있으며 금당지의 동쪽과 서쪽에 또한 각각 금당지로 추정되는 건물지가 있다.

강당지의 기단은 기와를 쌓아서 만든 형태이며 그 동쪽과 서쪽에 역시 건물지가 있다. 중문의 좌우에는 회랑이 있으며 이 회랑에 이어지는 동, 서회랑은 강당지 좌우에 있는 건물지의 앞에까지 이어져 있다. 또 탑의 기단은 벽돌로 만든 전축(塼築) 기단이며 그 밖의 건물 기단은 모두 기와를 이용한 와적(瓦積) 기단이었다. 가람 형태는 이미 살펴본 바가 있는 황룡사지의 1탑 3금당식이며 3금당이 동서로 일직선상에 나란히 배치된 형태이다.

동남리 절터 역시 백마강가에 있으며 1973년에 발굴 조사되었다. 발굴 조사에 의하면 탑이 없으며 중문과 금당, 강당이 남북으로 자리하고 있으며 강당지의 좌우쪽에는 건물지가 있다. 경루로 생각되는 이 건물지의 중문 좌우에 있는 회랑은 동, 서회랑으로 이어지며 강당지 좌우의 경루지까지 이르고 있다. 탑이 없는 이같은 배치는 매우 특이한 것으로 왜 탑이 없는지에 대해서는 두 가지 해석이 있다.

첫째로 발굴 조사에서 드러난 것은 금당이 있는 구역과 탑이 있는 구역은 별도로 있을 것이라는 생각이다. 즉 탑과 금당이 같은 구역에 있지 않고 동회랑이나 서회랑 외곽에 탑을 모시는 구역이 별도로 마련되었던 것이 아닌가 하는 생각이다. 이같은 형태의 절터로 통일신라 초기에 만들어진 고선사지가 있다. 즉 탑과 금당을 동서로 나란히 모시고 그 사이에 회랑을 두어 각기 별도의 구역에 모시는 형태였던 것 같다. 또 다른 견해는 불국사의 극락전처럼 개인의 명복을 빌기 위해 별도로 지은 극락전 위주의 절이어서 탑이 따로 없을 것이라는 생각이다.

지금까지 조사된 백제의 절터는 기본적으로 1탑 1금당식의 가람 배치 형태를 따른다는 통념과는 달리 변화가 비교적 심한 편이다. 즉 전형적인 1탑 1금당식에 속하는 것으로는 정림사지와 금강사지가 있을 뿐이고, 군수리사지는 1탑 3금당식, 미륵사지는 3탑 3금당식이고 동남리사지는 탑이 없거나 있었다면 별도의 구역에 있었을 것으로 볼 수 있는 절터였다.

이러한 점, 곧 가람 배치의 형태가 다양한 것은 백제 문화가 가지는 다양성의 결과로 생각된다. 말하자면 백제의 문화를 귀족 문화의 속성이 강한 것이라고 할 때, 귀족 문화가 갖는 속성 때문에 부단히 새로운 시도를 꾀하고, 규칙에 얽매이지 않으려는 속성이 가람의 평면 배치에서도 나타난 것으로 생각된다.

또 다른 면으로는 백제에 전래된 불교의 전파 경로가 고구려와는 달리 중국의 남조를 통한 것이었다는 점도 아울러 생각되는 요소라 하겠다.

신라

신라에 불교가 처음 전래된 것은 눌지왕(411~457년) 때 고구려의 승려 아도(묵호자)에 의해서였으나 공인을 받게 된 것은 중국 양나라의 승려 원표가 신라 왕실에 불교를 전하고 이차돈이 순교한 법흥왕 14년(527)경이었다.

불교가 공인된 후 544년에 흥륜사에 이어서 영흥사, 황룡사, 기원사, 실제사, 분황사, 영묘사 등이 창건되었다. 이들 가운데 발굴 조사를 통해 가람 배치를 알 수 있는 것은 황룡사지뿐이다.

흥륜사, 분황사, 영묘사로 알려진 절터는 그 일부만 조사되었다. 이 중 흥륜사에 대해서는 「삼국유사」에 금당과 탑, 경루, 남문, 회랑 등이 있었다는 기록이 있다 . 또 1978년의 부분적인 발굴 조사에서는 금당지로 전하는 흙이 약간 도톰한 곳의 남쪽에서 8각형, 또는 원형 평면의 유구가 발견되어 탑지로 여겨졌다. 다시 1981년의 조사에서는 그와 같은 유구가 대칭되는 곳에 있다는 것이 밝혀졌다.

이 유구가 생각대로 탑지라면 8각형 평면일 가능성이 크며 2개의 탑이 있었다고 볼 수 있는데, 이 유구들은 창건기의 것이 아니고 통일신라시대의 것이라고 한다. 따라서 신라의 가람 배치에 대해서는 황룡사의 예가 현재로서는 유일한 것이다. 황룡사의 가람 배치는 이미 살펴본 바와 같이 1탑 3금당식이고 금당이 동서로 나란히 배치되는 백제 군수리 절터의 것과 유사한 것으로 볼 수가 있다.

통일신라시대

삼국을 통일한 신라는 문헌에 있는 유명한 절만도 50여 개를 헤아릴 만큼 많은 절을 건립하는 등 불교가 융성하였다. 이 절들 중 평지 가람에 속하는 절은 대부분 2탑식 가람 배치이며 중기 이후에는 밀교와 선종이 성행하면서 산지 가람이 많이 만들어졌다. 또 중국 돈황, 운강, 용문 등지의 석굴 사원의 영향으로 암굴 사원도 만들어졌다. 평지 가람 중 발굴 조사에 의하여 그 전모가 밝혀지거나 가람 배치를 알 수 있는 곳으로는 사천왕사지, 감은사지, 망덕사지, 고선사지, 천군리사지, 불국사 등이 있다.

사천왕사는 문무왕 19년(679)에 사천왕의 힘을 빌어 당나라 군대를 물리치고자 지은 절이다. 그 절터가 경주시 배반동 남산의 산쪽 기슭에 있다. 1탑 가람 배치에서 2탑 가람으로 변한 형태이다. 즉 금당 앞에 가람의 남북 중심축을 중심으로 두 탑이 동서에 대칭을 이루고 있는 형태이다.

사천왕사지는 초기 2탑식 가람 배치의 전형적인 형태를 보이는 곳으로 알려져 있고 탑은 목탑으로 추정되고 있다. 다만 사천왕사의 가람 배치는 발굴 조사로 확인된 것이 아니라는 약점이 있으나 1탑식 가람 배치에서 2탑식 가람 배치로 변화한 시기를 알려 주는 자료로서, 또 일본 약사사의 배치와 거의 흡사하다는 점에서 중요한 자료가 된다.

고선사지는 경주시 보문 저수지의 인근에 있던 절터이다. 1975년 덕동댐의 건설로 수몰되어 발굴 조사가 실시되었다. 그곳에 있던 석탑은 경주박물관으로 옮겨졌다. 고선사는 그 창건 연유와 연대가 분명하지 않으나 원효대사가 이 절에 살았던 적이 있었으므로 원효대사가 세상을 떠난 신문왕 6년(688) 이전에 세워진 절로 생각된다. 또 그 절터의 석탑이 감은사지의 석탑보다 형식상 연대가 늦은 것으로 생각되므로 감은사가 세워진 682년에서 686년 사이에 세워졌다고 볼 수 있겠다.

가람의 중심부가 동서로 구분되어 있으며 동쪽 구역에는 금당을 중심으로 한 탑원이 마련되어 있는 형태이다. 이 두 구역의 외곽에는 각기 회랑이 둘려져 있는데 탑원과 금당원이 만나는 회랑 곧 금당원의 서회랑 남반부와 탑원의 동회랑은 서로 합해져서 이 부분만이 2칸의 회랑을 이루고 있다. 탑원에는 1기의 석탑이 있을 뿐이며 금당원에는 중문지와 강당지가 금당지와 남북으로 일직선을 이루는 중심에 있었다.

불국사는 경덕왕 10년(752)에 김대성이 부모를 위하여 지었다고 전하는 절이다. 임진왜란으로 불타고 복원되지 못했던 무설전(강당) 등을 복원하기 위하여 1968년에 발굴 조사가 시작되었다.

발굴 조사에 의하면 불국사는 기본적으로 2탑식 가람 배치이나 그 가람의 서쪽에 또 다른 가람이 부가된 특이한 평면형을 이루고 있다. 곧 청운교, 백운교를 지나 중문인 자하문에 이르게 되며 자하문의 북쪽으로 다보탑과 석가탑이 동서로 배치되어 있고 그 북쪽으로 금당인 대웅전과 강당인 무설전이 배치되어 있다. 이들은 가람의 남북 중심축을 따라 자리하고 있다. 석가탑과 다보탑도 가람의 남북 중심축을 중심으로 좌우 대칭을 이루는 곳에 있다.

이 건물들을 둘러싸는 회랑이 있으며 특히 강당 좌우에는 북회랑이 있고, 금당의 좌우에도 회랑이 있어 동회랑과 서회랑에 이어지고 있다. 이같은 배치는 전형적인 2탑식 가람 배치 형태인데 불국사에는 서쪽에 다시 가람이 있다. 즉 위와 같은 가람보다 한 단 낮은 곳에 서원이 있다. 이 서원은 연화교와 칠보교를 통하여 안양문에 이르며 그 북쪽에 극락전이 배치되어 있어 중문인 안양문과 금당인 극락전이 남북으로 일직선상에 중심을 두고 있다. 그리고 이들을 둘러싸는 회랑이 따로 마련되어 있다. 여기에는 탑이 생략되고 금당만 있는 형태인 서원은 극락정토를 상징하는 것으로 여겨진다. 전형적인 2탑식 가람 배치를 한 동원보다 그 위치가 낮고 탑이 없다는 점에서 주가람에 딸린 부차적인 가람으로 생각된다.

통일신라시대의 평지 가람은 감은사, 사천왕사, 불국사, 천군리사지 등과 같이 2탑식 가람 배치가 대표적인 것이다. 다만 초기 형태는 감은사지에서 본 바와 같이 강당의 좌우에 회랑이 없는, 즉 북회랑이 없는 것이었으나 불국사의 경우처럼 북회랑이 있는 형태로 변화된 것으로 보인다.

또 고선사지의 경우처럼 탑이 1개이고 탑원과 금당원이 있는 경우도 있으며 불국사처럼 주가람이 있고 그에 딸린 부차 가람이 있는 경우도 있음을 알 수 있다. 대체로 몇몇 예외가 있긴 하지만 통일신라시대의 가람 배치는 기본적으로 2탑식 가람 배치를 따르고 있는 것으로 생각할 수 있다.

통일신라시대에 지어진 절 중에는 평지 가람 외에도 해인사, 부석사, 범어사, 화엄사, 보림사, 법주사 등의 산지 가람이 있다. 이들 중 지리산을 끼고 있는 화엄사는 「사적기」에 의하면 진흥왕 5년(554)에 창건되었다고 하나 남아 있는 4사자석탑, 석탑, 석등 등의 유물에 의하면 경덕왕 13년(755)경에 만들어진 것으로 보인다.

가람은 계곡을 따라서 해탈문이 있고 그 안쪽에 금강문, 천왕문이

차례로 있으며 천왕문 안쪽에 문루(門樓) 건물인 보제루가 있다. 보제루 북쪽에 동서로 나뉘어 석탑이 자리하고 있는데 대칭을 이루는 위치가 아니라 지형에 알맞게 적당한 위치에 있으며 그 북쪽 한 단 높은 위치에 대웅전이 있다.

대웅전과 보제루는 가람의 남북 중심축 선상에 중심을 두고 있다. 동탑의 동쪽에 승방인 적조당이 있다. 이들 석탑, 보제루, 적조당은 같은 높이에 놓여 있으나, 대웅전은 한 단 높은 곳에 자리하고 있다. 서탑의 서쪽에는 석축을 쌓아서 만든 한 단 높은 대지가 있다. 역시 같은 높이로 대웅전 동쪽에는 명부전, 서쪽에는 응향각과 원통전이 있다. 또 가람의 남북 중심축과 직교하는 가람의 동서축 선상에 각황전과 석등이 있다. 이들 구역과는 좀 떨어진 곳에 4사자 석탑이 자리하고 있다.

이같은 배치는 변화가 많은 산지의 특성에 적합하도록 가람을 배치한 좋은 예라고 할 수 있으며 지형에 적합하도록 배치함으로써 좌우 대칭이라는 형식을 따르지 못하여 탑의 위치도 일정하지 않으며 회랑이나 강당이 없는 산지 가람의 특성을 잘 보여 주는 것이다.

통일신라시대의 대표적인 암굴 사원으로는 토함산 석굴암이 있다. 한반도에서 석굴 사원의 시작은 아마도 백제시대의 서산 마애불 주변에 있었을 것으로 여겨지는 석굴사로 생각된다. 그러나 그 전체 형태나 규모를 알 수 있는 것으로는 군위 삼존석불이 있는 석굴 사원이 가장 오래 된 것이 아닐까 한다. 이 석불은 거대한 자연 암벽에 있는 석굴이다. 6미터 높이에 있는 입구는 둥글며 내부는 4각형 평면이고 천정은 궁륭상(穹窿狀;돔)을 이루고 있다. 굴 중앙에 본존상이 있고 그 좌우에 세지보살상과 관세음보살상이 있다. 그 형식으로 보아 통일신라초(660~700년)에 만들어졌을 것으로 생각된다.

석굴암은 불국사와 같이 경덕왕 10년(752)을 전후한 시기에 만들어진 것으로, 화강암을 이용하여 인공으로 굴을 만들고 그 위에 흙을 덮어 석굴처럼 만든 암굴 사원이다. 평면은 장방형의 전실과 원형의 주실을 잇는 사이에 짧은 공간이 있다. 즉 전방후원(前方後圓)이라는 전형적인 석굴 사원의 형태이다. 주실 중앙에서 약간 뒤로 치우친 곳에 본존상이 자리하고 있다. 주실의 천정은 역시 궁륭상이고 입구 좌우에는 8각의 기둥이 있으며 전실은 목조집으로 되어 있고 전실 앞에 석탑이 있다.

고려와 조선시대

고려시대에는 불교를 국교로 숭상함에 따라 절의 건립이 적지 않았다. 특히 태조 왕건이 법왕사, 사나사, 문수사 등 10개의 절을 도성 안에 창건한 이래로 역대 왕들이 지은 절이 적지 않았다. 특히 개국사, 불일사, 흥왕사, 안화사, 영통사, 만복사 등이 창건되었고 그 이전에 지은 절의 중건도 적지 않았던 것으로 보인다.

이들 고려시대에 창건된 절들은 대체로 풍수도참설에 의하여 절이 들어설 자리가 정해진 것으로 보이며, 통일신라시대에 나타난 산지 가람과 석굴 사원의 건설도 적지 않았다. 평지 가람은 2탑식 가람 배치와 더불어 1탑식 가람 배치도 있으며 만복사지처럼 금당과 탑이 나란히 배치된 것도 있다.

흥왕사는 2탑식 가람 배치인 고려시대의 대표적인 절로 문종 10년(1056)에 짓기 시작하여 문종 21년에 완성되었다. 이 절에는 문종 32년에 만든 금탑이 있었다고 하며 이 금탑을 보호하기 위하여 석탑이 만들어졌다고 한다. 또 이곳에서는 대각국사 의천에 의하여 팔만대장경이 간행되었다.

경기도 개풍군 봉동면 흥왕리에 있는 이 절터는 1948년에 조사되었다. 조사 결과에 의하면 문지 뒤에 평면 8각형의 목탑지가 동서로 대칭을 이루고 있으며 그 북쪽에 금당지와 강당지가 있으며, 그 외곽에 회랑이 둘러져 있는 전형적인 2탑식 가람 배치 형태이다. 평면 8각의 목탑은 고구려의 영향을 받은 것으로 추정되며 이같은 가람의 동쪽과 서쪽에 다시 건물들이 배치된 동원과 서원이 있어 전형적인 2탑식 가람과는 또 다른 양상을 보인다.

불일사지는 황해도 장단군 진서면에 자리하고 있는데 중문, 석탑, 금당, 강당이 가람의 남북 중심축 선상에 자리하고 있는 전형적인 1탑식 가람 배치의 절터이다.

이들의 외곽에는 회랑이 둘러져 있으며 석탑의 동쪽과 서쪽에 마주 보고 있는 건물의 흔적이 남아 있다고 하는데 그 성격은 분명하지 않다. 불일사지에서 이같은 작은 가람이 주가람의 동서에 있는 것은 흥왕사지의 경우와 같다.

고려시대의 평지 가람은 위의 두 절터에서 보았듯이 1탑, 2탑식 가람 배치의 것 외에도 만복사지처럼 동쪽의 목탑과 서쪽의 금당이 동서로 일직선상에 있는 형태도 있다. 일본 법기사의 가람이 이런 형태이다. 이와는 반대로 개성의 연복사처럼 동쪽에 금당이 있고 서쪽에 탑이 있는 경우도 있는데 일본 법륭사의 가람 배치와 같다. 한편 산지 가람은 통일신라시대와 같이 지형에 따라 가람을 배치하되 가람의 중심이 되는 건물이 남향하도록 하는 원칙을 따르고 있다.

고려 초기를 지나면서 불교가 우리 고유의 민간 신앙을 수용하게 되었다. 그같은 속성은 특히 조선조의 억불 정책으로 더욱 가속된다. 이에 따라서 불교 본래의 교리보다는 민간 신앙적 요소가 강하게 나타나고 불교가 해이해지자 가람 배치에도 반영되었다.

따라서 고려 중기 이후의 가람은 자유로운 양상을 보인다. 이같은 자유로움은 밀교의 영향도 있었을 것으로 생각되며 가람에 칠성각, 응진각, 영산전, 진전, 산신각 등 잡다한 건물이 들어서게 되었다. 조선시대에는 불교가 억압을 당하긴 했어도 초기에는 흥천사, 흥복사(원각사로 개명), 청평사, 봉은사 등이 창건되기도 했다. 이들은 대체로 자유스러워진 고려시대의 가람 배치 양식에 따라 만들어진 것으로 볼 수 있다.

절터 조사의 보람

    지금까지 우리나라의 곳곳에 흩어진 절터 중 비교적 규모가 크고 그 형태가 분명한 것을 골라 발굴 조사 결과를 바탕으로 가람 배치에 대하여 간략하게 알아보았다.

    이름조차 전하지 않고 우거진 잡초 속에 기왓장이나 그릇 조각이 부끄러운 듯 널려 있는 절터를 조사하면서 때로는 작은 기쁨을 얻기도 한다.

    절의 이름이 새겨진 기왓조각을 찾았을 때, 그 절의 역사를 말해 주는 기록이 있는 그릇 조각을 발견했을 때, 더구나 그같은 사실을 처음으로 알았을 때 느끼는 기분은 수많은 기왓조각과 그릇 조각을 눈여겨 볼 수밖에 없었던 어려움을 보상받기에 충분한 것이다.

    또 때로는 문헌에 기록된 사실을 증명할 수 있는 결정적인 단서를 발견할 수도 있다. 예컨대 미륵사지나 감은사지 등에서는 「삼국유사」의 기록이 얼마나 사실에 가까운지를 확인할 수 있었다. 전설이나 옛날 애기처럼 여겨지던 일을 사실로 밝혔을 때의 기쁨은, 따가운 햇빛과 땅에서 뿜어 내는 뜨거운 기운 그리고 흩날리는 눈발과 찬바람이 귀를 에이던 추위의 고통스런 날들의 괴로움을 값진 보람으로 승화시켜 준다.

발굴 조사를 하다 보면 자신이 얼마나 보잘것없는 존재이고 자신이 알고 있는 것이 얼마나 적은 것인가를 절실히 느끼기도 한다. 바로 한 겹 아래에 있는 것도 알지 못하면서 발굴 조사를 할 수밖에 없는 경우가 적지 않다. 땅 밑에 무엇이 있는지를 누구에게 물어 볼 수 없으며 조사를 잘못한 책임을 몰랐다는 말로 변명하여 벗어날 수도 없다. 자신의 무지와 잘못으로 오랜 기간 편안하게 지내던 진실을 얼마든지 잘못된 것으로 또는 없었던 것으로 만들 수도 있기 때문이다.

어떻게 보면 발굴 조사는 자신과의 싸움이다. 무언가 좋은 유물이나 사실이 밝혀지려 할 때 지레 흥분과 기쁨으로 송두리째 유물을 망치거나 사실을 알 수 없거나 잘못 파악할 수도 있다. 특히 절터처럼 오랜 세월 동안 사람이 살면서 집을 지었다가 부서지면 다시 짓고, 또다시 화재로 없어지면 다시 짓고 했을 경우, 땅을 판다는 육체적 괴로움보다는 자신도 알지 못하는 사이에 중요한 사실을 망쳐 버릴지도 모른다는 불안과 긴장감으로 신경이 날카로울 수밖에 없게 된다. 그것은 고독한 작업이며 분명 힘겨운 일이다.

그러나 땅에 펑퍼짐하게 눌러앉아 땅과 그 땅 속에 숨어 있는 역사의 주역들과 얼마든지 또 어떤 주제로든지 이야기를 나눌 수가 있다. 그 이야기에 결론이 없어도 좋다. 세상사의 번거로움이 끼어들 틈이 없어 더욱 좋다. 어쩌면 그 이야기는 자신의 참된 고백일런지도 모른다. 그같은 얘기 뒤의 힘든 일에 대한 보상으로 역사는 값진 사실을 우리에게 알려 주는 친절을 거의 잊지 않고 있다. 예컨대, 삽과 괭이의 험한 놀림 속에서도 부처는 거의 손상되는 일이 없다. 우리에게 당신의 자비로운 웃음을 보여 주고자 흙에서 모습을 드러내는 경우가 대부분이다.

또 금이나 은으로 만든 값비싼 유물은 고사하고 유물이 없는 경우라 해도 그 가람 배치가 일본의 고대 가람 배치에 큰 영향을 미친 것이라는 사실이 드러날 경우도 있다. 불에 타고 마구 파헤쳐져 주춧돌도 기단의 돌도 모두 없어진 경우일지라도 땅은 그같은 파괴의 역사를 우리에게 몸으로 얘기해 준다. 다만 우리의 좁은 소견이 그 얘기에 귀를 막고 있을 따름이다. 절터를 발굴 조사하는 보람은 한마디로 자신이 귀를 기울이는 만큼 역사의 소리를 정확하게 들을 수 있는 것이라고 하겠다.

부록

절터 일람

❧ 이 일람에는 비교적 연대가 오래 되었고 그 시대의 절터가 분명한 것을 우선 선정하여 수록하였다.

❧ 사지내에 보물이나 국보 등의 지정문화재가 있는 것은 모두 선정하였으나 다만 그 사지에서 출토되었다고는 하지만 위치가 이동되었을 경우는 삭제하였다.

❧ 수록된 것 외에도 보물로 지정된 문화재를 많이 보유하고 있는 경우가 있으나 절터로 확인되지 않은 것은 일단 제외하였다(예: 강원도 홍천 물걸리).

❧ 위치가 약간 이동되었거나 또는 절의 규모가 축소된 상태로라도 현재 절이 있는 경우는 이를 제외하였다.

소재지	절터이름	유물	비고
강원도 양양군 전율리	낙산사지	7층석탑, 사리탑	671년, 의상
둔전리	진전사지	3층석탑, 부도	신라말
서이리	선림원지	석탑, 부도	신라
원성군 안창리	흥법사지	3층석탑	고려
명주군 학산리	굴산사지	당간지주, 부도	847년
강릉시 옥천동	옥천동사지	당간지주, 탑	신라
내곡동	신복사지	3층석탑, 석불	신라
속초시 설악동	향성사지	3층석탑	고려
서울 종로구 종로3가	원각사지	10층석탑	고려
서대문구 신영동	장의사지	당간지주	656년(?)
은평구 진관외동	삼천사지	마애불	신라
경기도 포천군 도평리	도평리사지	3층석탑	신라말
양주군 회암리	회암사지	부도, 비	고려
여주군 상교리	고달사지	부도, 탑비	764년
시흥군 안양리	중초사지	3층석탑, 당간지주	827년
충북 제원군 시곡리	소악사지	3층석탑	나말여초
송계리	사자빈신사지	석탑	고려
송계리	덕주사지	마애불, 부도	고려초
제천시 장락동	장락동사지	7층모전석탑	신라
괴산군 미륵리	미륵리사지	석불, 석탑	고려
중원군 원평리	원평리사지	3층석탑, 미륵불	702년(?)
탑평리	탑평리사지	7층석탑	신라
청주시 대성동	탑동사지	석탑	신라말
충남 서산군 용현리	보원사지	5층석탑, 부도	신라
공주시 반죽동	대통사지	건물지	백제
웅진동	서혈사지	석불, 건물지	백제

금학동	남혈사지	불상편, 탑재	백제
옥룡동	수원사지	소탑	백제
보령군 성주리	성주사지	비석편	백제
천안군 천흥리	천흥사지	당간지주, 석탑	고려
논산군 천호리	개태사지	석불	고려
당진군 수당리	안국사지	석불, 석탑	고려
부여군 금곡리	금강사지	건물지	백제
동남리	정림사지	건물지	백제
신리	왕흥사지	막새	백제
군수리	군수리사지	불상	백제
전북 익산군 용순리	오금사지	금동불	백제
기양리	미륵사지	석탑, 당간지주	백제
임실군 용암리	용암리사지	철불, 석불	신라
정읍군 망제리	천곡사지	7층석탑	고려
부안군 석포리	실상사지	부도	신라말
남원군 용담리	용담사지	석탑, 석불	신라말
남원시 왕정동	만복사지	석탑, 석불, 당간지주	고려
전남 장선군 원덕리	신흥사지	미륵불	고려
화순군 대초리	운주사지	석불, 석탑	신라말
담양군 학산리	개선사지	석등	868년
강진군 월남리	월남사지	모전석탑	고려
광주시 금곡동	원효사지		신라
경북 상주군 연원동	장백사지	석탑	신라
영풍군 석교리	석교리사지	석불	신라
영주군 내죽리	숙수사지	당간지주	신라
의성군 수계동	빙산사지	5층석탑	신라
청도군 매전면	장연사지	3층석탑	신라

예천군 남본동	개심사지	5층석탑	고려
경주시 암곡동	무장사지		신라
암곡동	고선사지	석탑	신라초
천군동	천군리사지	석탑	신라
황룡동	황룡사지	석탑	신라
성건동	삼랑사지	당간지주	597년
성건동	영묘사지		고신라
구황동	황복사지	석탑, 당간지주	신라
구황동	황룡사지	건물지	553년
구황동	미탄사지	석탑	신라
도지동	보제사지	석불	신라
사정동	영흥사지		고신라
사정동	흥륜사지	건물지	544년
동천동	굴불사지	석불	신라
탑동	생의사지	미륵불	643년
탑동	담암사지	탑	신라
탑동	천은사지	청동종	신라
배반동	사천왕사지	건물지	신라초
배반동	망덕사지	당간지주	684년
남산동	승소곡사지	3층석탑	신라
월성군 장항리	장항리사지	탑, 불대좌	신라
범곡리	웅수사지	석불	신라
용당리	감은사지	석탑	682년
괘릉리	감산사지	석탑, 석불	719년
모화리	원원사지	석탑, 부도	신라
즙장리	즙장사지	3층석탑	신라초
즙장리	천룡사지	부도	신라

배리	창림사지	석탑재, 석등재	791년 이전
옥산리	정혜사지	13층석탑	신라
경남 울산시 학성동	태화사지	부도	고신라
울주군 율산리	망해사지	부도	857년
등청리	간월사지	석불	신라
율리	청송사지	3층석탑	신라
의령군 중교리	중교리사지	석불	신라
하리	보천사지	3층석탑	신라
진양군 용암리	용암사지	부도	신라
합천군 월광리	월광사지	석탑	신라
백암리	백암사지	석불, 석등	신라
죽죽리	죽죽리사지	석불	신라
둔내리	영암사지	3층석탑, 석등	신라
거창군 농산리	농산리사지	석불	신라
말흘리	말흘리사지	석불	신라
임불리	천덕사지	당간지주	신라
상천리	가섭암지	마애불	신라
함양군 옥산리	극락사지	석불	신라
우명리	승안사지	3층석탑, 석불	신라
가흥리	안국사지	석탑, 불상	신라
산청군 유평리	대원사지	석탑	신라
평촌리	삼장사지	당간지주, 석탑	신라
운리	단속사지	석탑	신라

- 비고난의 숫자는 창건연대가 분명한(입증된) 것이며 불확실한 경우에는 왕조만을 표기하거나 물음표(?)를 부기하였다.
- 신라는 통일신라를 의미하며 통일 이전의 신라는 고신라로 표기하였다.

빛깔있는 책들 103-5

옛절터

글	—윤덕향
사진	—윤덕향
발행인	—장세우
발행처	—주식회사 대원사
주간	—박찬중
편집	—김한주, 조은정, 표명희
미술	—김병호, 김은하, 최윤정, 한진
전산사식	—김정숙, 육세림, 이규헌
첫판 1쇄	—1989년 5월 15일 발행
첫판 7쇄	—2003년 12월 31일 발행

주식회사 대원사
우편번호/140-901
서울 용산구 후암동 358-17
전화번호/(02) 757-6717~9
팩시밀리/(02) 775-8043
등록번호/제 3-191호
http://www.daewonsa.co.kr

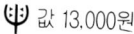 값 13,000원

Daewonsa Publishing Co., Ltd.
Printed in Korea(1989)

ISBN 89-369-0044-7 00220

빛깔있는 책들